みんなの心地いい部屋づくり日記

私らしい暮らしのスタイルとインテリア。

SE
SHOEISHA

■お問い合わせ

本書に関するご質問、正誤表については、
下記のWebサイトをご参照ください。

正誤表
https://www.shoeisha.co.jp/book/errata/
お問い合わせ
https://www.shoeisha.co.jp/book/qa/

インターネットをご利用でない場合は、
FAXまたは郵便にて、下記までお問い合わせください。

〒160-0006　東京都新宿区舟町5
FAX番号　03-5362-3818
宛先
(株)翔泳社 愛読者サービスセンター
電話でのご質問はお受けしておりません。

はじめに

自分らしく、心地よく暮らせる住まいにしたい。

毎日の暮らしの場となる家や部屋は、それぞれの家庭で異なります。少ないモノでシンプルな部屋にするのが好きな人もいれば、好きな雑貨やインテリアに囲まれて過ごしたい人、リビングを中心にして家族が安心して暮らせる空間にしたい人もいます。

すっきりした部屋にするのはもちろんですが、それぞれの家庭の生活スタイルや日々の動線に合わせることで、無理なく暮らせる、居心地のよい場所になります。

この本では、自分の暮らしに合った部屋づくりを実践している人気ブロガーさん&インスタグラマーさん24人に、部屋づくりのポイントを伺いました。インテリアのプロによる部屋づくりの基本と、ディスプレイのコツについても紹介します。住まい作りと心地いい生活のヒントがつまった一冊です。

みんなの心地いい部屋づくり日記

CONTENTS

MADOKA ONO ／ 小野まどか

私らしい部屋のつくり方

暮らしやすい部屋、居心地のいい部屋——
それは、“自分らしく”暮らせる部屋です。
プロが教える、自分らしい部屋づくりの基本。

取材・文=脇谷美佳子　イラスト=くぼあやこ

部屋はライフスタイルそのもの

ライフスタイルとは、言葉や服装、趣味、インテリアにその人の価値観が投影されたものです。もし、お部屋に居心地の悪さを感じているなら、部屋とライフスタイルが一致していないのが原因です。毎日、会社と家との往復で、部屋に帰っても何もする気になれない……。そんな自分を変えるなら、今すぐ理想の部屋づくりを始めましょう。

引っ越してからとか、結婚したら気に入ったものをそろえようとか、先延ばしにして居心地の悪い毎日を過ごすのは、人生の貴重な時間を無駄にしています。どんな部屋に住んでいようと、理想の部屋づくりに向かって動きだせば、「今」の暮らしをもっと楽しめます。

部屋づくりに成功する人の共通点は、どれだけ本気か。本気になった分だけ、部屋は確実に変わります。自分の人生を楽しませるのは自分。ここでは、自分らしい部屋づくりの方法をご紹介します。

PROFILE

インテリアコーディネーター
小野まどか さん

1980年生まれ。大学のデザイン学科を卒業後、大手ゼネコンやインテリアショップなどで経験を積み、現在、フリーのインテリアコーディネーターへ。著書に『海外ドラマの間取りとインテリア』(X-Knowledge)。雑誌の連載など多方面で活動中。

部屋づくり

STEP 01

ライフスタイルを見直す

私がお部屋づくりのお手伝いをするときは、まずヒアリングから入ります。「今のお部屋で一番改善したい場所はどこ?」という悩みからのスタートです。

すると、これまで漠然と感じていた部屋に対する不満は、話すことで“気づき”を得て、改善すべき点が明確になっていきます。例えば「もっと部屋でゆっくりしたい」「生活にメリハリが欲しい」「コードがじゃま」「収納スペースが欲しい」「生活動線を改善したい」など。

今の生活を見直し、理想のライフスタイルを見つけるための、4つのアプローチは次の通り。

POINT

01 日々の生活パターンを書き出す

ウィークデーと休日、
それぞれどんな過ごし方をしていますか?

02 ライフスタイルで実現したい「自分」とは?

「料理を楽しみたい」「友人を呼びたい」「夜はゆったりソファーで映画を楽しみたい」など、部屋で一番したいことは何ですか?

03 理想のライフスタイルができない原因をひとつずつリストアップ

部屋でしたいことができないのは何が原因でしょうか?

04 捨てるもの・買い換えるものリストの作成

理想の暮らしにいるものといらないものは何ですか?

部屋づくり
STEP 02

理想の部屋のイメージを持つ

次は、理想の部屋のイメージを、漠然とではなく「具体的」に持ちます。するとインテリアショップに行ったときでも、一時的な好き嫌いや気分で衝動買いをしてしまう失敗がなくなります。

ポイントは、インターネットやインテリア雑誌を色々見て、「好き」「居心地がよさそう」「私らしい」と感じた写真を1枚選ぶこと。選んだ写真には部屋のイメージと理想のライフスタイルの要素が詰まっていきます。さらに詳細に見ていくと、次のポイントが見えてきます。このポイントにそって、家具を選んでいきましょう。

POINT

写真から見えるポイント

01 色合いや素材感、風合い
02 家具の配置
03 家具そのものの選び方やセンス
04 ディスプレイ

もし、選んだ写真が海外のインテリアでも大丈夫です。畳みの部屋であっても、ラグや木目調のフロアマットを敷けば、海外風の部屋にかんたんに変身できます。部屋づくりは「自分の理想のイメージに合わせる」が基本です。妥協せず理想に近づく努力をすれば、その分だけ自分らしい、居心地のいい部屋に変化していきます。

部屋づくり
STEP 03

家具の配置やサイズを決める

理想のイメージが決まったら、家具を購入して配置します。失敗しないコツは、次の通り。

01 予算を決める

02 買うものの優先順位を決める

03 置きたい場所のスペースと、欲しい家具のサイズを事前に測る

04 置く場所は、コンセントの位置や間取りをヒントに決める

建築士さんは、家事の動線や採光、通風を考えた窓位置など、生活する人の暮らしやすさをイメージしながら部屋の間取りを設計しています。基本的なことですが、以下のポイントを押さえれば、家具の収まりもよく、配線がごちゃつくことも防げます。

テレビはアンテナ端子の位置に合わせて置く

引っ掛けシーリング（天井にある照明用コンセント）の下にダイニングテーブルを置く

1

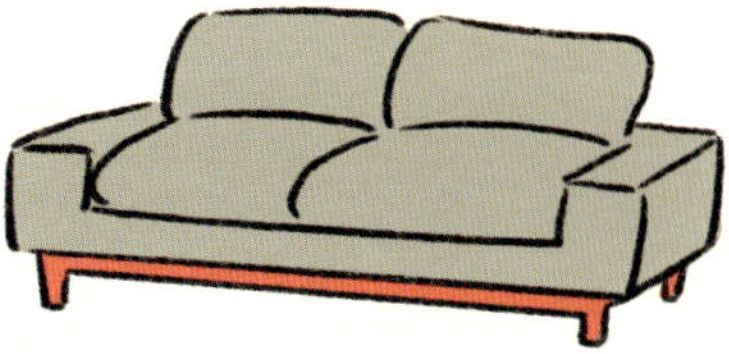

2

3

家具は一度にそろえずに、「買うものの優先順位」に従って段階的に購入していくと失敗しません。その場合も、お気に入りのインテリアショップで買いそろえると統一した世界感を出しやすくなります。

また、ショップで見た家具を部屋に持ち込むと、思った以上に大きすぎて合わないことがあります。サイズは必ず事前に測りましょう。

暮らしと部屋の悩み相談

部屋と暮らしは切っても切り離せないもの。
暮らしの問題は、部屋が原因になっていることもあります。
それぞれの悩みを解決して、理想の暮らしに近づけましょう。

CASE 01

部屋でくつろぐ時間を作りたい

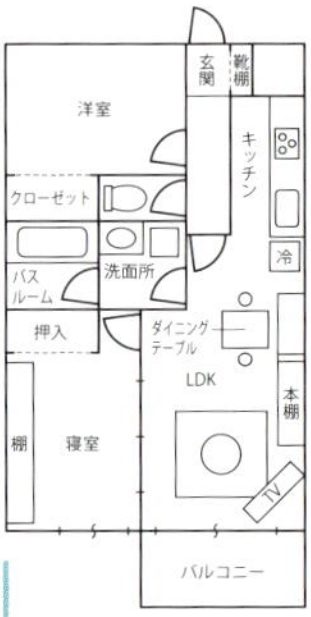

リビングにソファーを置いて、ゆったり座れるスペースをつくりました。場所をとっていた大きな本棚は、玄関横の洋室を書斎にして、そちらへ移動。ダイニングスペースをきちんと設けることで、生活にメリハリが出ます。

AFTER

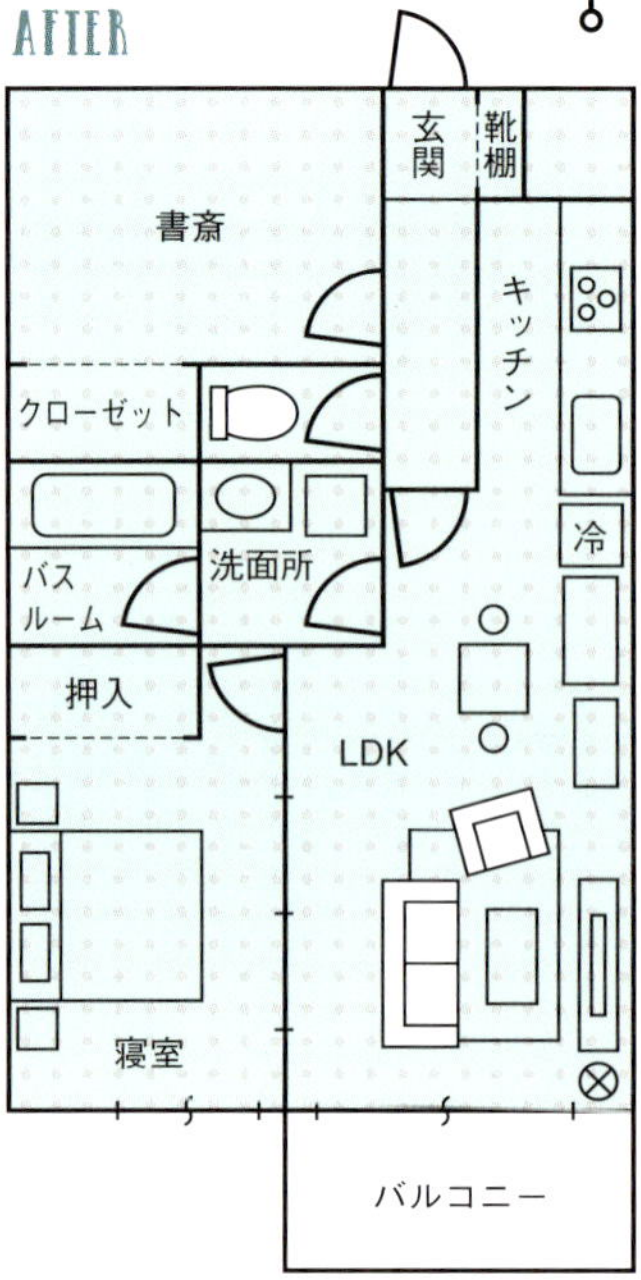

PROFILE

夫婦2人暮らし、
築30年の賃貸マンション（2LDK）

悩み

部屋を広く見せたいので、リビング・ダイニングと隣の和室（寝室として使用）の引き戸をとっています。仕切りがないので広くは感じますが、帰宅してから就寝までほぼ同じ部屋で過ごしているため、生活にメリハリがなくなっています。部屋でゆっくりして、くつろげる時間を過ごしたいです。

ADVICE

ずっと同じ場所にいると生活にメリハリがなく、つまらなく感じてしまいます。日々の生活のシーンで、ダイニング=食事をする場所、リビング=くつろぐ場所、ベッドスペース=寝る場所とスペースごとに分けると、家での生活もメリハリがついて楽しくなります。
また、くつろげない原因はゆったり座れる場所がないから。リビングに置いている大きな本棚は洋室へ持っていき、そのスペースを使ってテレビ台とソファーを置くのもおすすめです。お部屋で映画鑑賞できると週末の楽しみになりますよ。

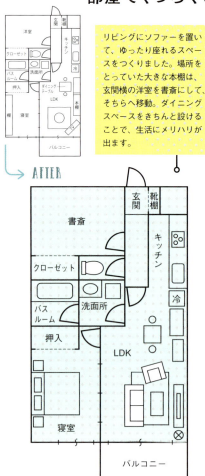

CASE 02

人を呼んで楽しく過ごせる家にしたい

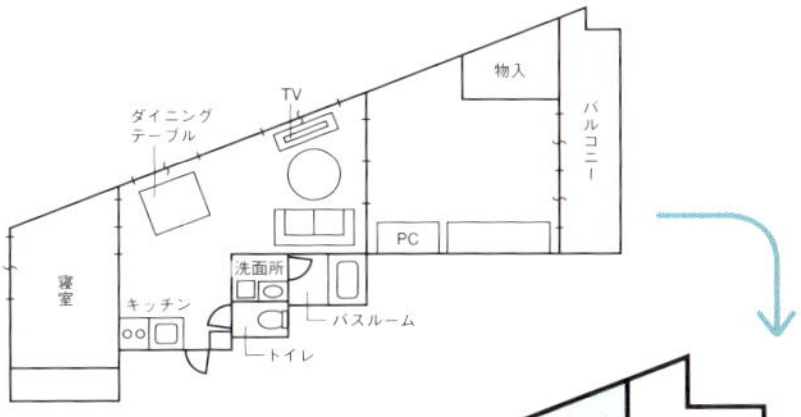

ベランダ側の広めの洋室をリビングに。DKにダイニングテーブルを置いたり、間取り的に使いづらい洗面所前のスペースにデスクを置いたりして、ちょっとした書斎感覚で使っても。

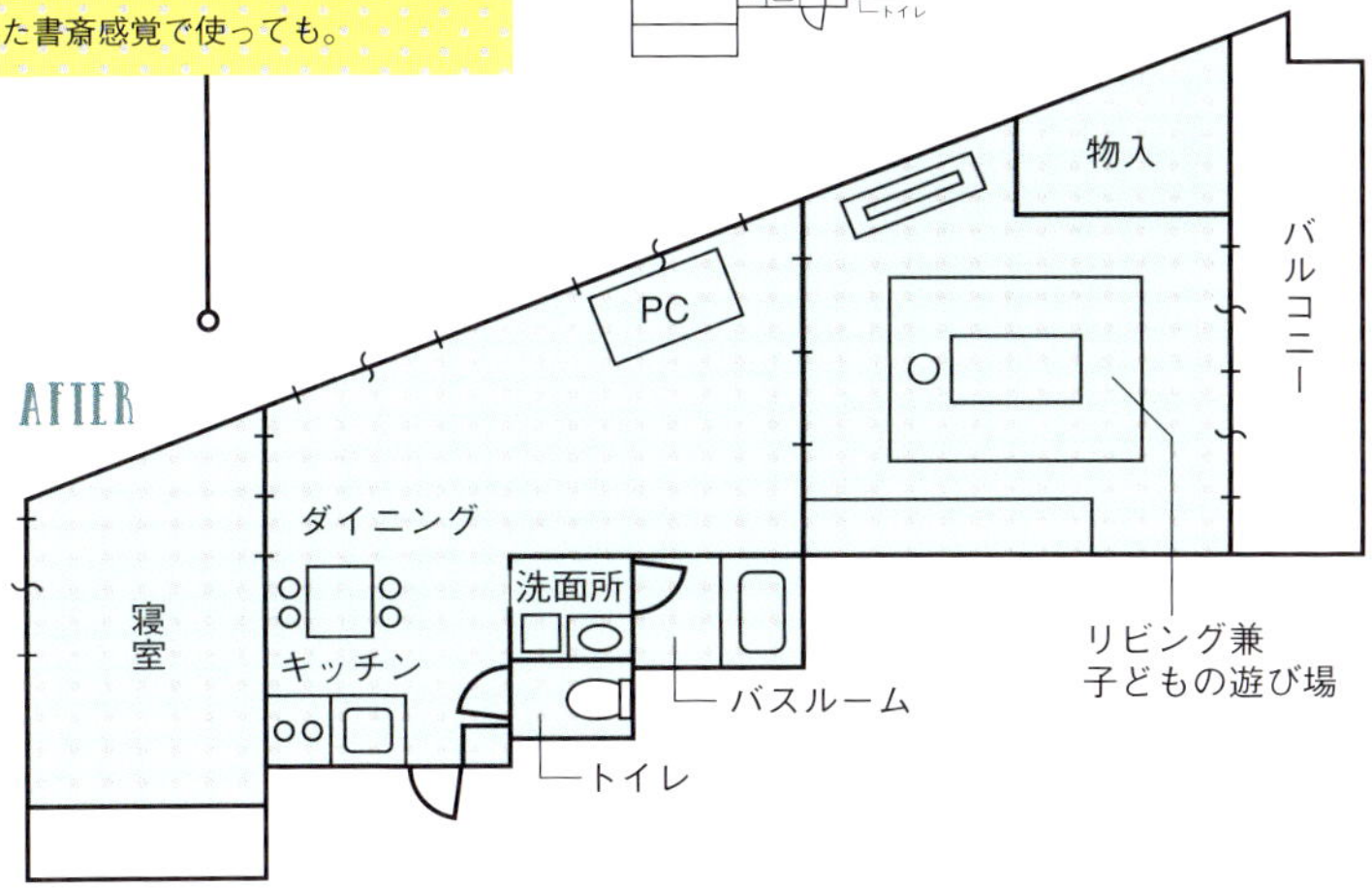

PROFILE

夫婦、長男3歳、次男1歳の4人家族、築26年の賃貸マンション(2LDK)

悩み

人を呼ぶのが好きなのですが、大人数でまとまって座れる場所がありません。広さは60㎡くらいあるものの、部屋の形が変則的で長細く、家具の配置が難しいです。ソファー、テレビ台を置いて間にちゃぶ台を置くと、細長い部屋なので通るところがなくなります。家族や来客で座って、楽しく過ごせるようにしたいです。

ADVICE

部屋の間取りが変形している場合、そのスペースに合わせて用途を決めると家具が置きやすくなります。この場合、人を呼ぶのが好きで大人数座れる場所が欲しいとのことなので、部屋の広さがある洋室をリビングスペース兼お子さんの遊ぶスペースにするのがおすすめです。

ソファーを置くと狭くなり大人数で座れなくなるので、あえてソファーは置かず、クッションやプフ(円形や立方体のクッション)などを置くと簡易的なイスになります。柄がおしゃれなので部屋のアクセントにもなりますよ。

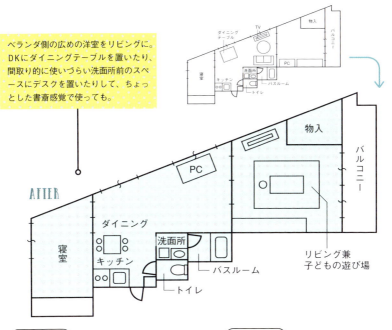

TOMOKO MITSUMA ／ みつまともこ

飾ることから考える、心地いい住まいのつくり方

無理にモノを減らさなくても、すっきりした部屋にしたい。
好きなものを飾って、自分らしく暮らすための、
ディスプレイのポイントを紹介します。

取材・文=脇谷美佳子　写真=安井真喜子

毎日が心地よさで満たされる住まい

心地いい住まいとは、何でしょうか。

すっきりした部屋はモノを減らし、収納を整えることでつくることができます。でも、好きなものや思い出の品を全て手放せるわけではありません。自分のものだけでなく、家族それぞれの持ち物もあります。

また、忙しくて部屋を片付けられないときもあります。急な来客の際、すっきりさせたいのはやまやまだけど、どうしても時間がない、モノをしまうスペースが足りない……。

そんなときは、飾ることを少し考えてみましょう。部屋の1カ所でいいので、好きな雑貨や写真などをディスプレイします。一部分だけでも整っていると、意外と部屋の印象が変わるもの。飾っているものが家族や来客との会話のきっかけにもなります。

家族の思い出やお気に入りの品が飾ってある部屋は、それぞれの家族らしい空間です。家族みんなが無理せず、くつろいでゆったり過ごせる。それが心地よさだと思います。

大切なのは、しまうと飾るのバランス。飾ることで自分らしい住まいをつくってみましょう。

PROFILE

ディスプレイデザイナー・インテリアスタイリスト
みつまともこ さん

多摩美術大学デザイン学科卒業。株式会社サザビー（現サザビーリーグ）に入社し、ウィンドーディスプレイ、撮影のスタイリング等を手がける。現在はフリーとして活動。本業のディスプレイのほか、雑誌、書籍、web等で家を飾って快適にするアイデアを紹介することも多い。

IDEA NOTE

IDEA 01

視線の行き先にディスプレイする

部屋に入って、はじめに目に入る場所

我が家は、玄関から廊下を通ってリビングへと続きます。リビングへ入ってまず視線が向かうのが、部屋の奥にある壁面の飾り棚。ここには、季節ごとにお気に入りのモノをディスプレイしています。住む人の個性が伝わってくる場所です。

ディスプレイする場所は、部屋に入ったときに一番先に視線が向かうところにしましょう。部屋の入り口正面か対角線上。ここが美しく飾られていると、部屋がそれほど片付いていなくても不思議と部屋全体が整った印象になります。

01

座ったときに目に入るところもディスプレイすべき場所

01
我が家のダイニングテーブルに座ると、キッチンの壁につけられた棚に目が行きます。そのため、一番上の棚は飾り棚として使用し、ガラスのアイテムを飾っています。下段にもあまりこまごましたものを置かず、よく使うお気に入りの道具を見せながら収納。アイランドキッチンにはあえて大ぶりな枝ものを飾ると、リビングから見たときに手元の目隠しになります。

02 飾り棚がなくても、スツールを使えば素敵なディスプレイスペースになります。玄関を入って視線が向かうところや部屋のコーナーなどで、キャンドルやルームフレグランスなどの香りアイテムを飾っておもてなしに。

03 タンクレストイレの端にハンカチを敷いて、アロマディフューザーなどを飾るのもおすすめです。スペースのない空間でも、ひと工夫で素敵なディスプレイができます。

02

03

ちょっとした空間をディスプレイスペースに

IDEA 02

ディスプレイに季節感を出す

WINTER

SUMMER

子どもの作品は すぐに飾る

季節感と合わせて大切にしたいのが家族の行事。特に子どもにまつわることです。幼稚園や学校で描いた絵や賞状、テスト、書き初めなど、家に持ち帰ったらすぐに飾りましょう。壁にマスキングテープで貼っても、フレームに入れて床に置いても。すぐに飾ることで子どももうれしくなりますし、家族で喜びを共有することができます。

季節の変化が 肌で感じられるように

ディスプレイは季節やイベントごとに変えると、住む人はもちろん来客にも季節の変化を感じさせてくれます。季節感を表現するのは、飾るアイテムのカラー構成や素材感。夏なら涼を感じさせる青やガラス。冬ならぬくもりや温かみのあるものを。ディスプレイするときは全てのスペースを埋めるのではなく、いくつかのアイテムでまとまりを作り、隙間や高低差を出します。背面には絵や写真を飾ると奥行きが出るのでおすすめです。飾るために何かを買うのではなく、家にあるお気に入りのアイテムを組み合わせて使ってみましょう。

IDEA 03

ごちゃつきがちなエリアも、飾ってすっきり

03 本は背表紙の色で「見せる」

本はジャンル別、大きさ別、著者別などで分類したくなりますが、私は背表紙の色で分けています。緑、黄色、白、赤、ベージュ、青、黒などグラデーションにして。

04 リモコンは「まとめる」

すぐ手を伸ばしたところに置きたいリモコン類。お気に入りのカゴやボックスなどに仕切りを作ってまとめておきましょう。立てて入れることですぐに取り出せます。

01 洗面所の小物は「まとめる」

歯磨き粉や化粧品、ヘアゴムなど、こまごましたものが多い洗面所。ケーキスタンドやトレーにまとめると、見た目がすっきりするだけでなく掃除もしやすくなります。

02 キッチンツールは素材を「そろえる」

キッチンには調理道具や調味料など、たくさんのモノがあります。キッチンツールは木、アイアンなど、素材をそろえます。道具を立てておく容器も素材をそろえて。

IDEA 04

きれいをキープする、ちょこっと掃除

01

ダスターは すぐ使える場所に

掃除道具はしまい込まずに、ドアノブにかけるなど、さっと手にとれる使える場所に置きましょう。道具自体をおしゃれなフェザーダスターにすることで、出しておいても気になりません。

02

使い古しの布を ジャーへ

古くなったTシャツなどを使いやすい大きさにカットして、ガラスジャーに入れて。キッチンの窓辺などに置いて、濡れたところや油汚れもこれですぐに拭き掃除します。使ったらそのまま捨ててOK。

03

食洗器の 隙間を活用

我が家では、飾っているガラスアイテムを毎日少しずつ洗います。食洗器の隙間に2、3個入れるだけ。洗っている間に、棚の空いたスペースを拭き掃除。一度に全部洗わなくていいんです。

01

MIさん

MII

家族みんながリラックスできる部屋づくり。

フルタイムで働きながら、中学生の息子2人と主人の4人暮らし。年子の子ども2人を子育てするなかで、1人でがんばるのには限界があると思い、「協力するよ！」と言ってくれた家族の言葉に甘えて、みんなが協力しやすい収納づくりを工夫するようになりました。北欧インテリアが大好きで、家族みんなにとって暖かく、リラックスできる部屋づくりを心掛けています。

→ Instagram user name
「mi1341」
https://www.instagram.com/mi1341/

→ 「めがねと かもめと 北欧暮らし。」
https://ameblo.jp/61680318/

家族構成
夫、自分、長男14歳、次男13歳

住まい
築5年の一戸建て、3LDK

PLAN

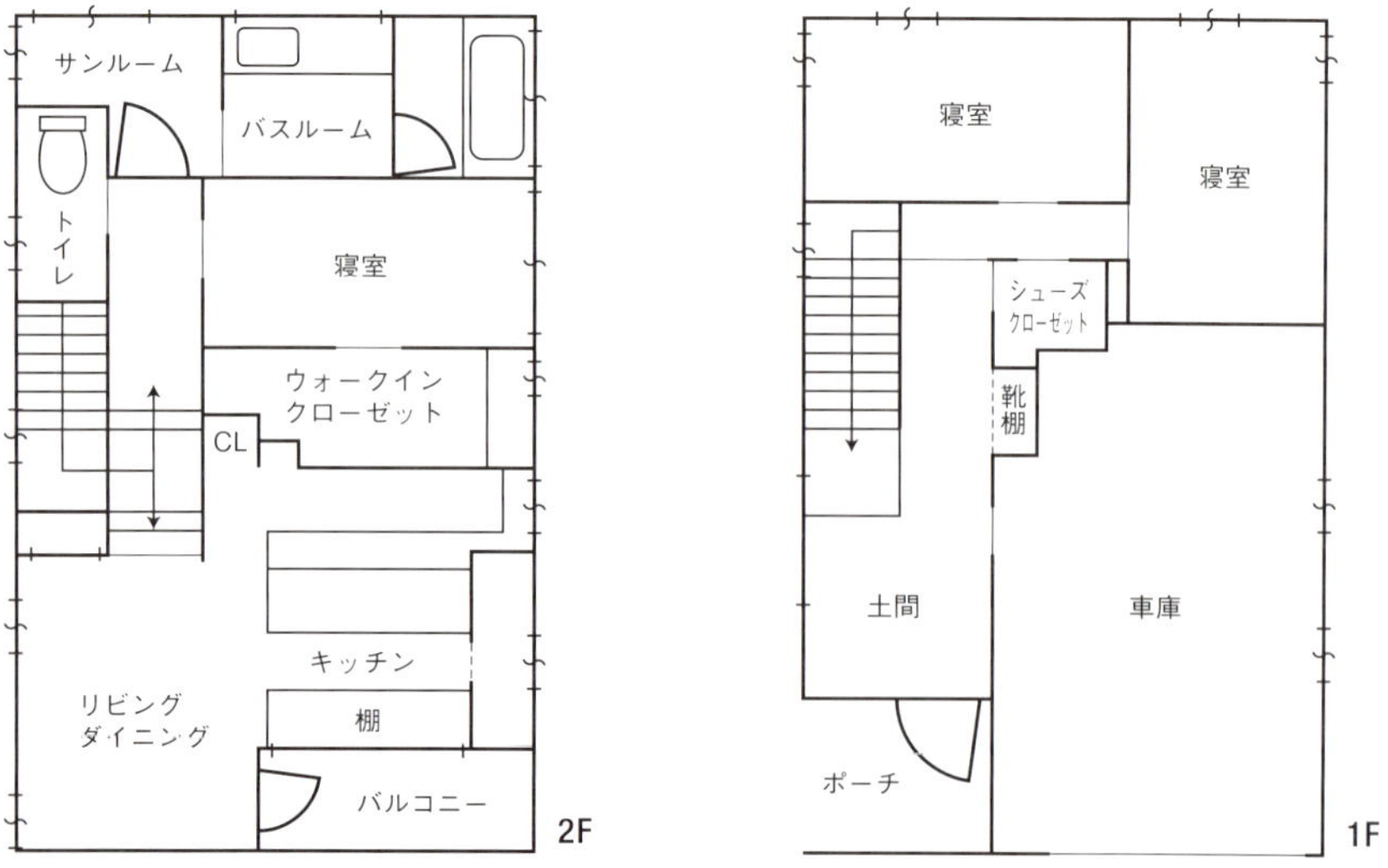

2017年 01月 24日

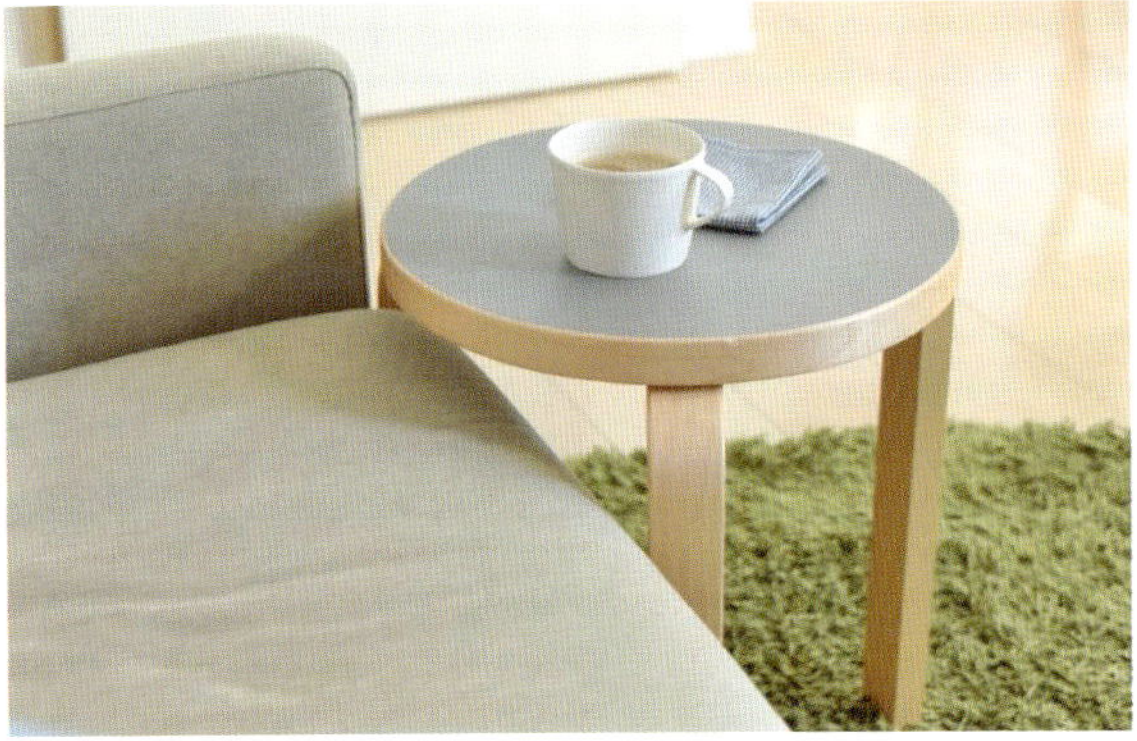

私の北欧家具の原点

北欧家具を初めて手にしたのが、アルテックのスツールだったかな？

煮込み料理の最中にちょこっと腰掛けたり、ときにはソファーのサイドテーブルとして活躍してくれたり……。

シンプルだからこそ、長く愛せる家具になる。

2017年 05月 11日

新しい家具をお迎え

玄関を開けてすぐの場所に、北欧ヴィンテージの家具をお迎えしました1。二段の引き出しには何を収納しようか、考える時間すら楽しい。毎朝眺めては、にやにや。大切に育てていきたい。

上段のディスプレイは、シンプルにこんな感じ2。ワイヤーの雑貨は、ふらりと立ち寄った雑貨屋さんで見つけてひと目惚れ。ドライのグリーンと胡桃をコロンと飾ってみました。

MINI COLUMN

お気に入りの空間

キッチン。あまり好きではなかった料理を少しでも楽しい家事にしたくて、お気に入りの道具を集めたり、掃除が楽しくなるようなインテリアにしました。

キッチンの作業台に立つと、コックピットにいるかのように必要なものがすぐ手にとれる。料理は得意ではないけど、今では好きな家事になりました。

2017年 07月 23日

我が家の新しいリビング

ソファーとキャビネットを購入した我が家のニューリビング。

へたりがひどかったソファーにお礼を告げて、北欧ヴィンテージをお迎えしました。

以前は子ども達の学校道具が入っていたキャビネットは、長男が中学に入学し、倍以上になった教科書を収納しきれず……。テレビ台に収納場所を移動しました。

明るい木目の家具やアイテムが多かった我が家に、チーク材を導入することは最後まで心配でしたが、今はかなりかなりお気に入り空間!! ここからの眺めが最高です。

2018年 01月 18日

ポスターで手軽に模様替え

家のなかが片付いていると、インテリアの模様替えをしたくなります。昨年購入してから、どこに飾ろうかずっと悩んでいたポスターをようやく飾ることができました。

初めて、「MOEBE」のフレームを使ってみました。デンマーク発のインテリアブランドで、2人の建築家と1人の家具職人が2014年に立ち上げた新しいブランドです。木製の丁寧な仕事がうかがえるおしゃれな商品が多いという印象。

今回購入したフレームは、オーク材のフレームとクリアのアクリル2枚で作られたもの。アクリルなので、ぴったりサイズのポスターを入れてもすっきり。小さめのポスターやカードを入れてもおしゃれに飾ることができます。

飾ったのは、リビングにあるキャビネットの上。「Kortkarellet」のユーカリがフラワーベースに活けられたポスター。すごくかわいい!!

北欧雑貨をディスプレイして

新しく購入した、とってもかわいい子を紹介したいと思います。「アーキテクトメイド」のDuckです。

アーキテクトメイドは、20世紀半ばに活躍したデンマークの建築家達による作品を忠実に再現したもの。貴重なチーク材のオイル仕上げで、これぞ北欧雑貨という印象を与えてくれる素敵な雑貨です。

数年前に購入していたSサイズ。コロンとかわいい子どもサイズです。雑貨屋さんに2匹並べてディスプレイされているのを見かけて、今回セールを狙って、大きいほうを購入しました。

早速飾ったのは、リビングのキャビネット上。チーク材のヴィンテージ家具との相性はもちろんばっちりです！　2匹を寄り添うように飾ると親子のようで、微笑ましい。見ているだけでほっこりしてしまいます。

すっきりとした部屋もいいなぁと思うこともありますが、やっぱり私は好きなものに囲まれていたい。

MINI COLUMN

お気に入りの道具とインテリア

木製のカトラリーや器。料理を楽しくするために、器やカトラリーにこだわっています。自分だけが使うのではなく、家族みんなが使う道具。特に木製のものがお気に入りで、家族にも自然のものを使って欲しいなと思っています。

そしてお手入れの時間も楽しい。専用のオイルで手入れをすると、ツヤも増し、育っているのがわかります。面倒だなんて思うことなく、この時間が今の私にとってすごく心地いい時間になっています。

2018年 07月 16日

ランドリールームの模様替え

入居以来、大きな模様替えをしていないランドリールーム。今回、素敵な収納アイテムを迎えました。

「ストリングシステム」。北欧の壁掛け収納です。必要な分だけ棚を増やしたり、幅を広げたり、パネルとシェルフを組み合わせて最後に固定するだけという、本当にかんたんな作りです。

今までの収納に比べて幅が広くなったので、余裕を持って収納ができて、すっきりとした印象になりました。

2018年 08月 31日

季節を感じるインテリア

まだまだ暑い日が続きますが、栗のお菓子が登場すると、秋だなぁと実感します。何よりも「食欲の秋」な私です。

家のなかも少しずつ秋のインテリアに。まずは土間から。お客さんは玄関先で用事が済むことがほとんど。家族が学校や仕事へ行くときも、疲れて帰宅するときも季節を感じて気持ちよく家時間を過ごせるように……。

北欧ヴィンテージのスツールの上には、デンマークのヴィンテージバスケットを収納&インテリアとして置いています。色も濃いめで、グッと秋の雰囲気に。

MINI COLUMN

部屋づくりで心掛けていること

温かみのある木製の家具や雑貨を多めに配置すること。アクセントにガラスや陶器の雑貨を飾り、メリハリをつけています。

2018年 09月 22日

布製品でかんたん模様替え

インテリアの模様替えをしました。クリッパンとミナペルホネンのコラボクッションカバー。「タンバリン」も好きだけど、「chouchou」も好き。

かわいくなりすぎてしまうモチーフも、大人の落ち着いた雰囲気に見える不思議なテキスタイル。優しく、そして暖かい。これからの季節にもぴったりなのではないかと。肌触りがいいのは、やはりクリッパンならでは。

模様替えといっても、極々かんたんな模様替えです。クッションカバーをふわっと暖かいものに替えたり、ブランケットを出したり。

夏には少しさっぱりさせたいなと思ったインテリアも、肌寒い季節はぬくぬくしたものが欲しくなりますね。そして毎年大人気のLAPUAN KANKURITの「ショールウィズポケット」。こんなに暖かいのに、不思議なほど軽いのも魅力のひとつ。羽織っていること、かけていることを忘れてしまうほど。

2018年 10月 23日

寝室のインテリア

寝室のデスク周りの模様替えをしました。別の部屋にある雑貨と入れ替えたり、ポストカードを変えたり。楽しい作業。

ストリングポケットは思いきって棚をひとつ減らして二段に。上段に本をずらりと収納したけど、圧迫感が少なくてよかった！

02

botaさん

BOTA

無理せず暮らしを楽しめる部屋。

広島県在住、面倒くさがりの40代主婦です。家事も暮らしも無理しない、暮らしを楽しめる、身の丈に合った生活を心掛けています。

Instagram user name
「ta___kurashi」
https://www.instagram.com/ta___kurashi/

家族構成
夫、自分、長女(独立)、長男

住まい
築8年の一戸建て、4LDK

お気に入りの空間
キッチンです。食事の準備をしながら、リビングでくつろぐ家族を見られる場所だから。

部屋づくりで心掛けていること
使いやすさや、優しい色合いの家具を選んでいます。家族が「居心地がいい」と感じられる部屋づくりを心掛けています。

PLAN

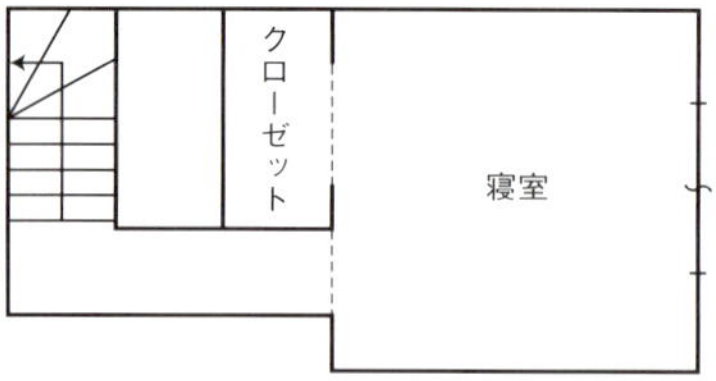

2F

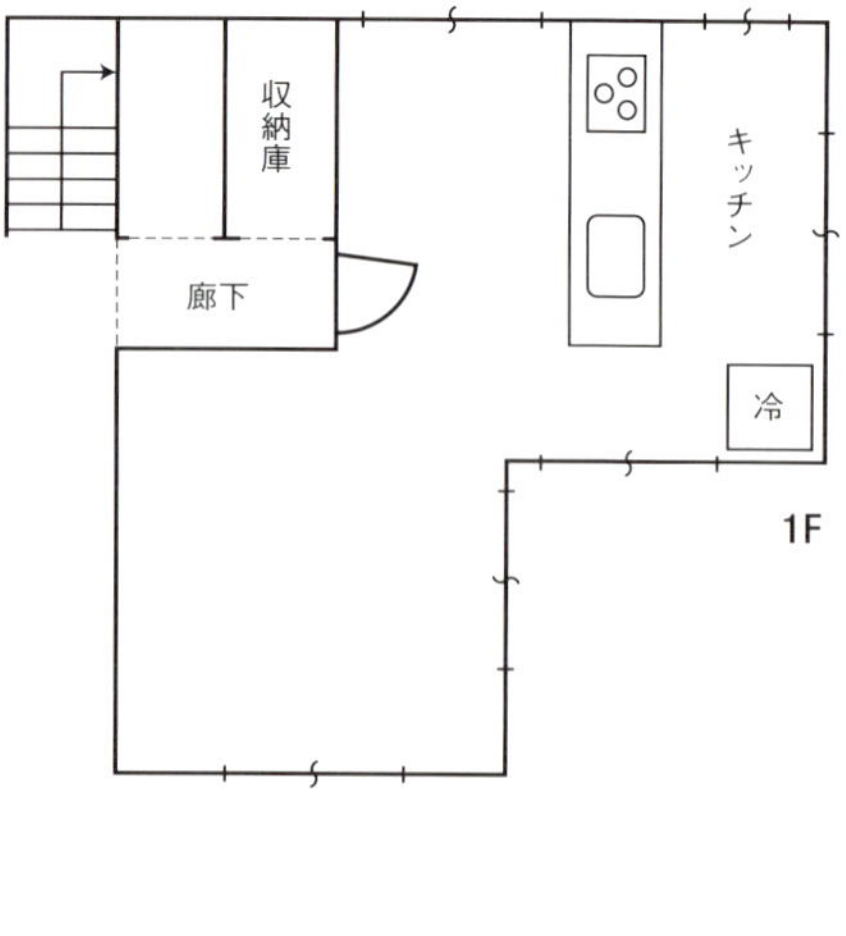

1F

※間取り図は家の一部分を表現したものです。

▶ 2017年 08月 17日

掃除しやすいマキタの仮置き場所

マキタのハンディクリーナーを買いました。ふふふ♫　皆さんのマキタの写真を見ては「いいなぁ〜マキタさん」と思ってたんですよぉ〜！　ホント便利で楽ですね‼

写真の場所は、クリーナーやフローリングワイパーの仮置き場所です1。本来の置き場所は階段下2。

▶ 2017年 11月 25日

買ってしまったこたつ

今日のきなこ。こたつに上がり、毎回叱られる犬……。今日もきなこは元気だ！

こたつは買ってしまったアクタスのもの。きなこは最近こたつの中があったかいのに気がついて、勝手に入って寝てます。

2017年 12月 08日

寝室にとりあえず置きました

今朝の寝室。朝から天気で寝室も明るいです！
　写真には写っていませんが、キッチンで使っていたカラーボックスは寝室にとりあえず置きました。可動棚のお隣に……。
　キッチンではオープンを置いてたオープン棚は、洗濯グッズ置きとして使ってます！ ここでも大活躍。
　冬場は部屋干しがほとんどのbota家。エアコンをつけているので、洗濯物で加湿効果ばっちりです‼　……が、常にリビングに洗濯物が。エアコンの風でユラユラ～。

MINI COLUMN

愛用品とインテリア

　キッチンのオープン棚。食器棚として使っている棚ですが、ホームセンターで購入したお手頃価格の棚なんです！　おしゃれでも高価なものでもないですが、使いやすくとても気に入っています。
　普通の棚を使いやすく自分好みに変えていくのも、インテリアの楽しいところだと思っています。

▶ 2018年 03月 28日

拭き掃除と模様替え

キッチンのオープン棚1。棚の拭き掃除をしたのでパチリッ！

おサボりbota子が拭き掃除する。

←えっ？　あのbota子が!?

←優先順位は家事、ゴロ寝。

←雪降る！

←ふふふ。

無印良品週間でちょこちょこっと……洗面台、ランドリーラック、あり物のテレビ台などの収納を模様替え&見直ししました2。

1

2

▶ 2018年 08月 12日

リビングのスタッキングシェルフ

すかすかのスタッキングシェルフ……。ちょっと変化させたいなぁ〜とただいま妄想中……。

大好きな無印良品のスタッキングシェルフ。インテリアも余白を考えながら、収納を楽しんでいます！

2018年 09月 17日

模様替えのスイッチ

我が家を知っている人には、間違い探し並みの模様替え……。スイッチが入るきっかけは色々あるけど、その中のひとつ「視界に入る情報量」。私が「なんだか落ち着かないなぁ〜」と感じるときって、大体これが原因。

断捨離したり収納の見直しをしたりすればいいのだけど……それが面倒なときは、「とりあえず入れとけボックス」にぶっ込む!!

そして、目に入る情報量を減らして気分をすっきりさせる!! 不思議なんですけど、気持ちがすっきりすると、面倒だと思ってたほかの場所も「片付けようかな? 断捨離してみようかな?」って思えるんですよねぇ〜。

そこの私と同じ面倒くさがりの奥さま! 「とりあえず入れとけボックス」はおすすめですよ〜! ただし、「とりあえず入れとけボックス」がパンパンになることもあるので注意。ふふふ。

2018年 09月 25日

DIYいろいろ

寝室のハンガーラックは、ホームセンターで購入したポールを使ってDIYしています。

棚はニトリのカラーボックスをリメイクしました。

2018年 10月 06日

お気に入りを飾って

キッチンの棚はホームセンターで購入したものですが、オープン収納なので使いやすく、すっきり見えるように好きな色でそろえています。

壁かけインテリアは使いやすさはもちろんですが、家事のやる気を出すために、お気に入りのものを飾って、見せる収納にしました！

2018年 10月 22日

ちょうどいいサイドテーブル

寝室。ベッドサイドに小さなテーブルを。寝る前に音楽を聞いたり本を読んだり……。この高さ、我が家のスノコベッドにちょうどいい。

寒い夜だって、犬のきなこがいるからあったかい〜。

MINI COLUMN

これからの部屋づくりプラン

今までは使いやすいシンプルな部屋づくりをしてきましたが、使いやすいシンプルな部屋プラス、もう少し暮らしやインテリアを楽しめる部屋に変えたいと思っています。

03

tomooo.25さん

TOMOOO.25

手作りの家具で、家族みんなが使いやすい部屋に。

大阪府在住。リビングにある家具はソファー以外全て手作り。子ども達が使う家具は高さを低くして、みんなが使いやすいおうちづくりを目指しています。子ども達がまだまだやんちゃなので、汚されたり壊されたりしてもいいように、なるべくDIYして楽しんでいます。今後は2階に子ども部屋をつくりたいです。

Instagram user name
「tomooo.25」
https://www.instagram.com/tomooo.25/

家族構成
夫、自分、7歳男の子の双子

住まい
築9年の一戸建て、4LDK

PLAN

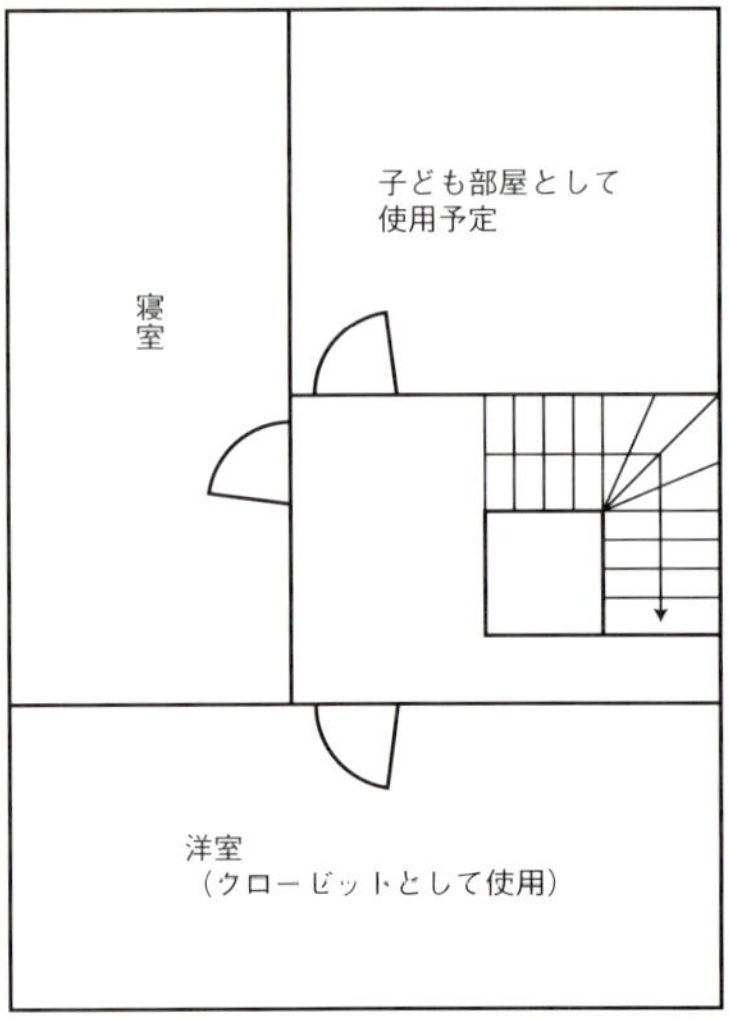

2F

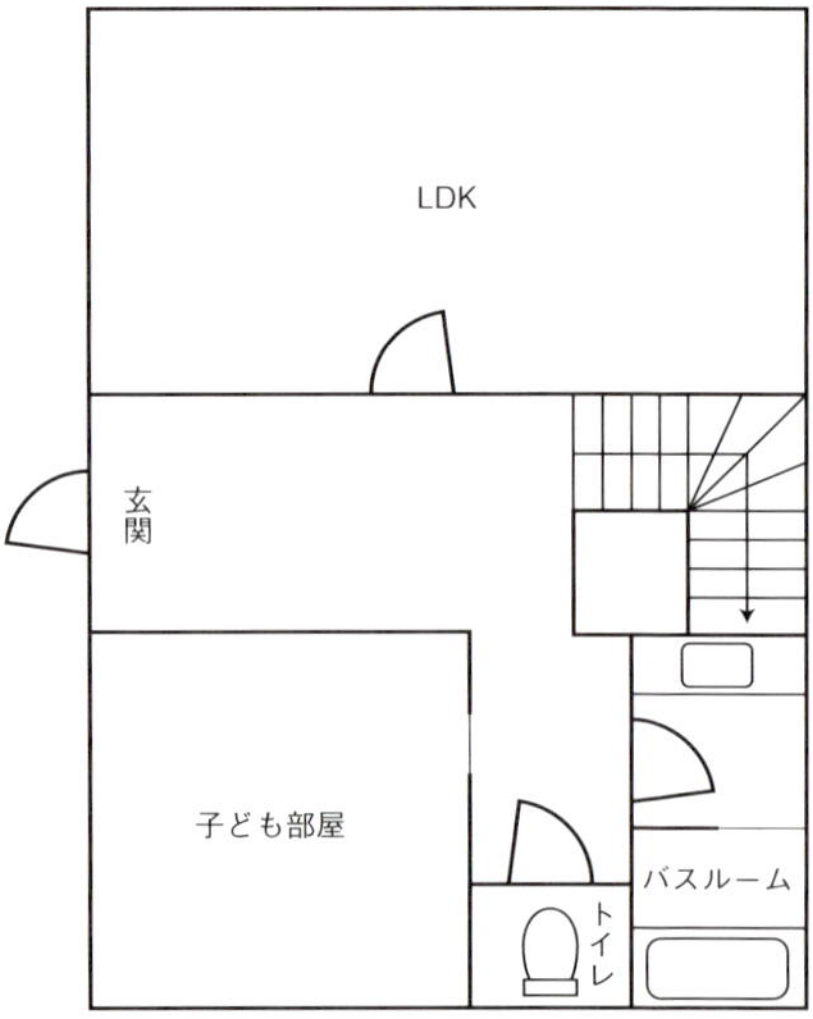

1F

2018年 04月 10日

新1年生のランドセル置き場

昨日から新1年生の2人のランドセル置き場はまだ作れていません。必要なものなどを把握してから作る予定です。

今のところ、幼稚園グッズを置いていた棚を使っています。2年前、我が家のツインズが幼稚園に入園したときに、幼稚園グッズをひとまとめにしたくて棚を作りました。これがかんたんにできるのに使いやすいし、高さも調節できてめっちゃ便利なんです。

ホームセンターにある木と、パーツを連結させただけのものですが、めっちゃ使いやすくて気に入ってます。

2018年 05月 09日

リビングで過ごす至福の時間

2人が学校に行った後の静かなリビング。ゆっくりコーヒーが飲めるこの時間が至福のときです。

カップを置いてるテーブルは、ケーブルドラムにキャスターをつけたもの。掃除もしやすいし、お気に入りです。

2018年 05月 16日

そろそろ家具も衣替え

　昨晩は暑くて寝苦しくて、扇風機を出しました。毎年暑くなると、自分の位置で寝てないツインズ。やっぱり昨晩も動きまくりでした。彼らの動きで季節を感じます（笑）。

そろそろ家具も夏用に変えなきゃね。

　リビングはラグを片付けたり、クッションカバーを春夏用に替えたりして、季節のインテリアを楽しんでいます。

2018年 05月 28日

洗面所の扉をDIYでアレンジ

　暑かった昨日は久しぶりにお出かけしてきましたが、私もパパも帰宅後ダウンして、パパは発熱。家族全員20時に寝ました（笑）。

　あっ、洗面所の扉をDIYしました。元々ついていた扉は味気なかったので、DIYで3年くらい前に作り変えました。写真左にちょっと見えている木の扉の場所は、元からあった収納部分で、普通の白い扉でした。扉本体は1×4材とベニヤ板だけ。アイアンパーツはデザイン要素と木材を固定するため。ベニヤ板に4枚の1×4材をつけて固定しています。

　右の洗面台は入居後、IKEAのものに替えました。下の収納の扉も作り変えてます。これらを変えたことで、建売り感がだいぶなくなりました。

2018年 06月 14日

リビングの棚を増築

晩ごはんのとき、我が家ではなるべくテレビを消しています。でも、どうしても見たい番組があるとつけることも。そうなると、やっぱりツインズの手はスローになり、ごはんが進まない!! なので、久しぶりにテーブルの向きを変えました。

我が家のリビングにあるアイアン棚、元々は棚板だけのシンプルなデザインで作ったものでした。でも使っているうちに文房具などの細かい収納が欲しくなり……。

でもまた棚板を取りつけるのが大変なので（笑）、簡易に、なおかつ現状にも戻せるように、収納を10個増やしました。

長方形の箱を作り棚板に載せて、この箱に入るサイズの箱を10個作りました。これなら大がかりな手間が省けるし、やっぱり棚板だけに戻したいって思っても戻せます。

2018年 08月 26日

子ども部屋の簡易机

ツインズは夏休み最終日。子ども部屋の簡易机の上には、持っていくものがぎっしり。

ピンクのリュックと幼稚園から使っている絵本バッグだけでは小さくなってきたので、新たにリュックを買いました。スニーカーに続いて迷彩柄のリュック（笑）。

我が家のツインズ。普段は学校から帰ってきたら、リビングで宿題をします。でもたまに来客などで宿題スペースがないときも。そんなときのために、子ども部屋にかんたんな勉強机を作りました。

集成材を必要なサイズにカットし、ホームセンターで買えるソーホースブラケットと、2×4材の脚を用意します。

天板になる板にはクリアのワックスを塗るとツヤが出ます。脚をブラケットにビス止めして、天板を載せれば完成です。

イスはカインズホームの踏み台にしました。普段はリビングで宿題をするし、ここを使うことは滅多にないと思うので、もう少し大きくなったらきちんとしたイスを用意して、また作りなおしたいと思います。

2018年 08月 28日

ソネングラスの優しい光

今日は久しぶりに屋根裏部屋を大掃除しました。かなり断捨離したのですっきり。でも、さすがに暑くてバテました（笑）。

そして玄関に新たに仲間入りした、ソネングラス。南アフリカで作られている、太陽光で光るソーラーチャージ機能つきのLEDライトです。電池がいらないので、蓄電さえしていれば灯りがつきます。

アウトドアでも非常時でも役立ちます。

今晩は優しい光に癒やされます。

2018年 09月 26日

お役立ちマグネットボード

昨日から咳をしている2号と今朝ふらふらして咳をしながら起きてきた1号。またもやダブルで風邪!? 私も起きたらヘルペスできてるし、パパ以外は全員チーンな我が家です。

ドア横にある、手作りした大きなマグネットボードは子ども達の描いた絵やお手紙などを貼るのにとっても便利。うまく描けたときは自分から貼りにいくこともあるんです。

かんたんハンガーラック

今日は寒いかなと思い、半袖にパーカーを羽織って行きましたが暑いですね。この中途半端な季節は半袖と長袖の服が必要だから、クローゼットに服がいっぱいです。

ツインズ用にソーホースブラケットで作った洋服掛け。2×4材を好きなサイズにカットし、ソーホースブラケットに差し込んでいます。後はシルバーの丸い金具3つと鉄の丸い棒をつけて、ビスで固定します。

2×4材はホームセンターでカットしてもらえるし、後は金具をつけるだけでできるので本当にかんたんです。高さはツインズの背に合わせて低く作ったので使いやすそう。

今年もこたつの季節

今朝は寒いですね。朝、パパがヒーターをつけてたので室内が暖かく、ツインズも動けてます(笑)。

数年前にDIYしたこたつはメンテナンスを繰り返しながら、今も活躍中です。我が家サイズで作ったので、ちょっと小さめ。なので、中で足が当たりまくりですが(笑)。

この冬もこたつでみかん食べよ。今日も笑顔でいられますように。

04

asasaさん

ASASA

自分達らしい家を目指して、こつこつDIY。

千葉県在住の30代。住まいは9年前に購入した建売り住宅。自分達らしいおうちを目指して、趣味のDIYでこつこつ手を加えながら暮らしています。夫婦ともに好きなものに囲まれた暮らしが好きなので、シンプルな暮らしに憧れはあるものの、無理にモノを減らすことはしていません。その代わり、見せる収納と隠す収納を使い分けて、なるべくお部屋がごちゃつかないように気をつけています。以前は雑貨屋さんで働いていました。

Instagram user name
「asasa0509」
https://www.instagram.com/asasa0509/

家族構成
夫、自分、犬

住まい
築9年の一戸建て

PLAN

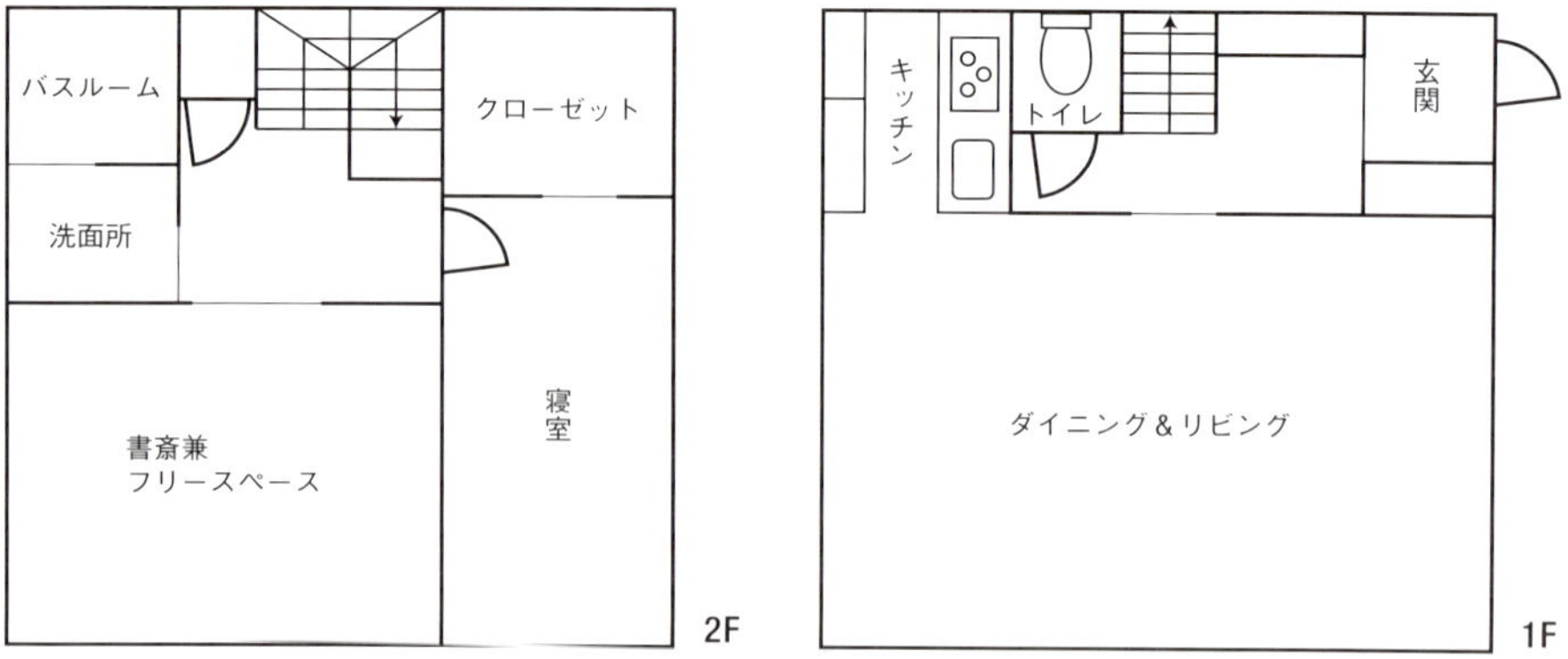

2017年 11月 21日

寝室のイルミネーション

サンルームがギラギラなので、寝室のツリーはライトなしでもいいかなーと思ってたけど、結局我慢できずにジュエリーライトを追加しちゃった。

　窓の周りにつけたライトと同じリモコンで点灯できるので楽チンです。

　カーテンはずっとつけていたけど、思いきって取りました。夏はまぶしそうだから、また対策を考えなくちゃ。

2018年 05月 01日

キッチン周りの壁色

キッチンの壁をグレーに塗り替えたので、奥の勝手口周りのネイビーの壁も明るい色に塗り替えようか悩み中。

　でも一部に濃い色が入るほうが、空間がしまっていいのかな。

　最近ペイントの失敗が続いたので、めずらしく慎重に考える私。色選びは本当にむずかしいです。

MINI COLUMN

お気に入りの空間

　キッチン。元々はテカテカのシステムキッチンだったのをセルフリフォームで自分好みの空間へと変化させたので思い入れがあります。

　同様に寝室も自分で腰壁をつけたり、窓枠を作ったり、漆喰を塗ったり、たくさん手を加えてきたのでお気に入りの空間です。とても日当たりがいいところも気に入っています。

壁の塗り替え

我が家は建売り住宅なので、当初全ての壁は白いビニール壁紙でした。それを少しずつ塗ったり貼ったりと手を加えて、今のおうちになりました。

例えば寝室。家具はまんまですが、壁は3回変わっています。イメージ通りに仕上がってうれしかったことも、塗らなきゃよかったーってこともあったけど、壁を塗るのって楽しいし、より自分達らしい空間をつくるうえで最適な手段のひとつだと思うのです。

MINI COLUMN

部屋づくりで心掛けていること

なかなか買い換えのきかない家具は、将来好みが変わっても大丈夫なようにあまり主張の激しくないものを選ぶようにしています。また、ファブリックを季節ごとに替えたり、季節のお花を飾ったりして季節感のある部屋づくりを心掛けています。

部屋のコーナーにイスを1脚置くようにしています。単純にイスが好きだからという理由もありますが、イスが1脚あるだけでそこがくつろぎの空間になるところが好きです。

2018年 06月 21日

暮らしの楽しみと備え

今週のお花。先週に引き続きアジサイです。同じアジサイでも先週とは花色が違うので、雰囲気が変わりますね。空間が無機質にならないように、お花やグリーンを積極的に飾るようにしています。

先週、千葉で地震が続いて怖いなぁと思っていた矢先に関西で大きな地震がありました。防災を考えると、こんなふうに花瓶をいっぱい棚に置くのもどうなんだろうとか考えてしまいます。

でも、だからといって、ればかりを心配して暮らしのちょっとした楽しみを諦めるのもさみしい。何事もバランスだとは思うけれど、そのバランスがむずかしいです。

関西のお友達がとても大変な状況のなかで、貴重な情報をいっぱい発信してくれるので、決して他人事で片付けることなく、地震対策や非常時の備えについて改めて考えてみようと思います。

2018年 10月 09日

やっと完成したDIY

書斎の窓枠が完成しました！10カ月ほどうっかり放置してましたが、重い腰を上げてようやく。左側が開閉できるようになっています。

ネジ穴がバカになって抜けなくなったり、電気ドリルが壊れたり、トラブル続きで何度も心が折れかけましたが、とにかく作り終えることに意味があると信じて、半泣きで歯を食いしばってがんばりました。

仕上がり、ご覧の通りガタガタです。こんなにまあまあ色々作っているのに、DIYの腕前が一向に向上しないのが残念すぎる。

▶ 2018年 10月 17日

部屋の冬支度

ブランケットを出しました。人間用のつもりだったけど、今のところ、ほぼほぼワンコが独占（笑）。

家の冬支度は進んでいるけど、実はまだ衣替えができていないっていう。部屋にあったかグッズを用意している今くらいの時期が、個人的には一番楽しくて好き。

▶ 2018年 11月 01日

お気に入りのソファー

先日取材をしていただいたので、きれいにした状態をパチリ。よく考えると、この角度から写真を撮ったことってほとんどなかったかも。

理由は、このソファーの後ろ姿のどっしり感がすごいから。でも寝心地や座り心地がよすぎて、このソファーを手放せる日は多分来ないだろうなあとも思います。

もう少ししたら、ソファー用のお布団も出さなくちゃ。

2018年 11月 26日

イスを再発見

壁側に置いていた予備のイスを食卓のお誕生日席に移動させました。そしたら、あら、意外といい感じ。

実はこのイス、旦那さんセレクトなんですが、ぶっちゃけ私はそんなに好きではなく。でも移動したら、なんだ、このイスってこんなにかわいかったのか！　と再発見。見る角度って大事ですね。横顔美人の起用法を完全に間違えてた。

ついでに壁に余白が増えたから、全体もなんだかすっきりしたような。家具の配置をほとんど変えない我が家だけど、やっぱりたまには見直すのって大事かも。

MINI COLUMN

愛用品とインテリア

ハサミポーセリンの器を少しずつ集めています。置いてあって絵になるところ、お料理をおしゃれに見せてくれるところ、スタッキング収納できるところが気に入っています。

ダイニングテーブルの置いてある棚は、東京蚤の市でひと目惚れして購入しました。小皿やクロスなどを置いて、見せる収納に使用しています。木とアイアンの組み合わせと、デザインに無駄がないところがとても気に入っています。

照明が昔から好きで、フロアスタンドをはじめ、壁や棚にお気に入りの照明をたくさん飾って間接照明を楽しんでいます。それだけで絵になるところと、明かりが灯ったときに違う雰囲気を楽しめるところが気に入っています。

05

kanataさん

KANATA

居心地のいい、カフェのような雰囲気の部屋。

福岡県在住。40代の共働き夫婦。賃貸アパートで旦那さんと二人暮らし。旦那さんの作った木の家具や雑貨に囲まれて、モノが多くても居心地のいい、カフェのような雰囲気を目指して部屋づくりを楽しんでいます。

Instagram user name
「cafe202_home」
https://www.instagram.com/cafe202_home/

家族構成
夫、自分

住まい
2LDKの賃貸アパート

PLAN

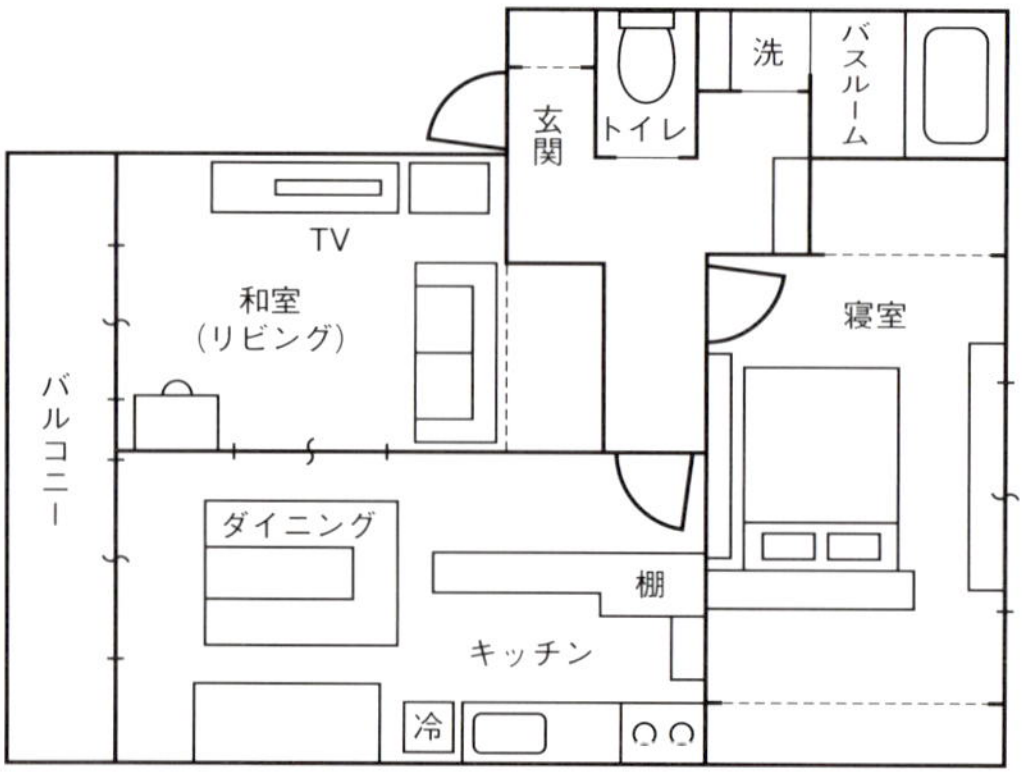

お気に入りの空間

和室にある押入のオープン収納。家具の配置など、大がかりな模様替えがむずかしいので、オープン収納に作った飾り棚の雑貨達を季節ごとに入れ替えるのが楽しみです。

部屋づくりで心掛けていること

モノが多いので、見せると隠すのメリハリをしっかりつけて、見せる部分はあまりごちゃついた印象にならないように気をつけています。

2018年 01月 08日

和室の片付け

今日から仕事の旦那さん。久しぶりに和室が片付きました。

家にいるときは、大体和室の座イスでゴロゴロ。もしくはマッサージソファーでゴロゴロ。

一番長くいる場所なので、なるべくすっきりさせておきたいけど、なかなか。

2018年 01月 24日

お気に入りの寝室の壁

うっすら積もった雪に反射した光が差し込んで、明るい寝室。たまたまお休みをとっていた今日は、引きこもっておうちのことをのんびりと。

ベッドの背にある壁は、珪藻土でできています。ウォークインクローゼットとして使っている寝室奥の部分を区切ってある棚の裏に、珪藻土を塗って壁のように見せています。入り口からクローゼットのごちゃごちゃが見えなくなり、賃貸ではむずかしい壁つけ照明を取りつけることもできて、すごく気に入っています。

▶ 2018年 02月 01日

花のイラストにチェンジ

グリーンやお花がなくてさみしいから、インターホン横の額を花のイラストにチェンジ。カレンダーの月はまるで無視。

何もないとさみしい気がして、つい何か飾りたくなります。

▶ 2018年 05月 04日

植物の定位置に

久しぶりの花のある暮らし。お出かけに付き合わせちゃったもんだから、おうちに着いたときにはかなりぐったり。新聞紙できつく巻いて、朝まで水揚げして何とかここまで復活したけど、ダメージ必至。ごめんよ～。

植物は、いつもこの位置に飾っています。我が家の定位置。玄関からLDKまでの短い廊下から見える場所。

2018年 05月 10日

掘り出しもののかご

今朝のリビング。手前のかごは、廃材置き場で見つけたもの。洗って乾かしたら、きれいになりました。探しているときはなかなかピンとくるものに出会えないのに、「こんなとこで!?」って場所で運命の出会いがあったりします。

平たくて大きいので、とりあえずそろそろ出そうと思っていたリネンケットなんて入れたらどうかな。

早くリネンケットを出したいと思いつつ、今日も雨で肌寒くてまだ冬のブランケットを出しています。

2018年 08月 18日

カーペットを新調

お盆休みの最終日、和室のカーペットを新しくしました。ずっとベージュ系の色だったけど、今回はグレー。思ってたのと違って、なんか事務所っぽい。数日経ってだいぶ見慣れました。

カーペット以外は全然変わっていませんが、普段なかなかできていないところのお掃除や、ごちゃごちゃだった配線も旦那さんがきれいにしてくれて、すっきり。

MINI COLUMN

愛用品とインテリア

木の道具です。木のぬくもりが大好きで、旦那さんが手作りする木の道具達があちこちで活躍しています。

写真のキッズスツールも旦那さんの試作品。玄関のアイアン棚の下に置いています。出しっぱなしにして、ちょい掛けやちょい置きに便利です。いつもしゃがんでやっていた靴磨きが楽な姿勢でできるようになりました。

▶ 2018年 09月 01日

月初めの恒例

9月の始まりは雨。

和室の押入に作った飾り棚、月が変わるタイミングでカレンダーや小物を替えつつ、お掃除するのが定着してきました。もうちょっとマメにしたほうがいいかな。

まだまだ暑いけど、9月になったとたん秋を意識しちゃいます。

▶ 2018年 11月 25日

ちょっとだけ模様替え

リビングのウォーターサーバーと空気清浄機の向きを変えてみたら、使いやすくなりました。ミナ ペルホネンのポスターもパキポの額に変えて。

ちょっとだけ変化した、今のリビング。季節感はゼロですな。

MINI COLUMN

これからの部屋づくりプラン

実現できるかどうかはわかりませんが、「玄関の下駄箱を外してオープン収納にしたいなぁ」とか、「テレビを壁掛けにしたいんだけど」とか、旦那さんにリクエストはしています。

2018年 11月 26日

ウッドタイルの飾り

リビングの隣にある和室、PCコーナーにはパキポディウムを飾っていましたが、寝室からウッドタイルの額を持ってきました。

このウッドタイルも旦那さんの作品。サイズ感や雰囲気が、我が家のどこに飾れば合うのか、まだ迷い中。

2018年 11月 28日

我が家のくつろぎコーナー

和室のマッサージコーナーへ、ミナ ペルホネンのポスターを再び移動。

ここはくつろぎコーナー。マッサージチェアはまず見た目で選びました。インテリアを邪魔しないものってなかなかないですよね。

ブランケットやクッションも替えて、冬支度。

06

Reeeeeさん

REEEEE

ワンルームのような平屋で営む暮らし。

長野県在住。37歳。保育士をしています。我が家はLDK、主寝室、子ども部屋それぞれに扉や壁がなく、オープンな造作収納を間仕切りにした、ワンルームのような家です。このちょっと変わった平屋のおうちで主人と9歳の双子の男の子、そして牛柄の2匹の猫と毎日にぎやかに暮らしています。

Instagram user name
「reeee._.e」
https://www.instagram.com/reeee._.e/

家族構成
夫、自分、9歳の双子の男の子、猫2匹

住まい
築5年の一戸建て

PLAN

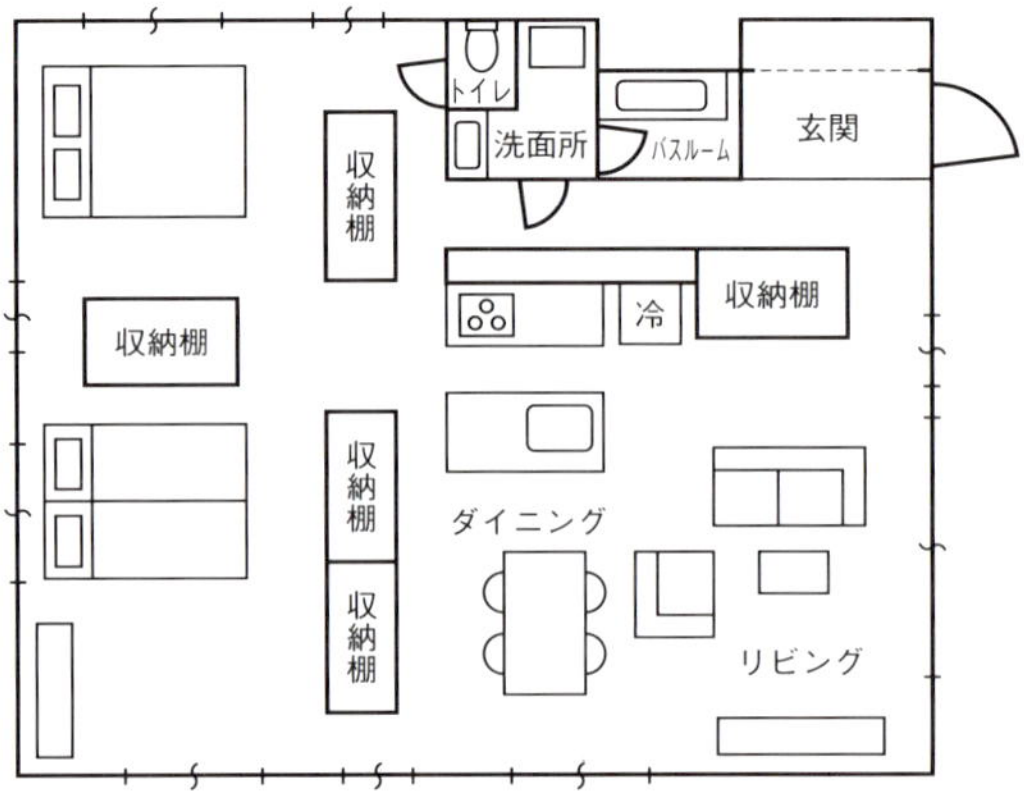

お気に入りの空間

我が家にはそれぞれの部屋に扉も壁もありません。とても変わった造りなのでよく驚かれますが、「家族の気配がいつも感じられる」ということが私達夫婦にとって何より大切なことでした。私達家族のスタイルに合った、世界にひとつだけの家です。

部屋づくりで心掛けていること

私は主人が選ぶインテリアが好きなので、家具選びのほとんどを主人に任せています。家具を買うときはなるべく自分の目で見て、肌で感じて決めるようにしています。テーブルも実際使用しているフレンチレストランに行って確かめてから購入。お料理がくるまでテーブルを上から下から眺め、店員さんからしたらさぞかし挙動不審な夫婦だったことでしょうね（笑）。

2018年 01月 21日

勉強スペースでバランスボール

子ども達の勉強スペース。リビング側からはパソコン台としても使っています。

とわさんはここで何かするときは必ずバランスボールに乗ります。ちゃんとイスがそこにあるのに、この不安定感がたまらないらしい。レゴの大作を作っています。

向こうに見えるパパは、はるさんの耳かき。「やらないと耳が聞こえなくなるよっ」って言うけど、ほんとはただパパがやりたいだけ。私的には「そんなにやると外耳炎になるよ」と思っています。

2018年 05月 18日

日に日に早くなる登校

今朝の双子さん。朝、どれだけ早く学校に着けるか、それが楽しみらしく、日に日に起きる時間が早くなる。今朝は5時半前には起きていたらしい。そして6時半に出発していきました。

50分歩いて通い、着いたらしっかり遊んでから授業。また50分かけて帰ってきて、宿題やってから公園へ。……そのパワーをママにも分けてくれ。

玄関は双子さんが並んで座って、靴を履ける広さ。造り付けの靴箱の下には、実家からもらうたくさんの根菜類やお米を置いておくことができます。

2018年 07月 03日

ダイニングと姪っ子の話

私の姉には、小学4年生の女の子が1人います。ひとりっ子です。うちは双子だし、弟のところは二人姉妹。だから姪っ子は、「私も兄弟が欲しかった……」とよく言っています。そして姉も、「ひとりっ子にしちゃってかわいそうだったかな……」とよく言います。

でも姉ちゃん、そんなに自分を責めなくていいよ。ちゃんと姪っ子もわかってくれる日が来る。もう胸を張って「うちはひとりっ子だよ。大切に育てるよ」って言っていいんだよ。

キッチンから全ての部屋が見渡せるようになっている我が家。お料理しながら、このダイニングテーブルで宿題をする双子さんの様子を見るのが、私の日課です。

MINI COLUMN

愛用品とインテリア

ソファーがとってもお気に入りです。これも座り心地や肌触りを確かめるために東京まで行きました。お値段にびっくりしましたが、私も実際見た瞬間「これしかない」と思い、即決でした。背もたれが高くないので、部屋の真ん中においても圧迫感がなく、座面も広いのでゆったりと座ることができます。このソファーにぎゅうぎゅう詰めになって家族で座るのが、いつもの我が家の光景です。

2018年 09月 04日

双子さんの違い

双子さんが出かけていった後の子ども部屋。とわさんのベッドには大切なわんちゃんがそっと寝かせてあります。

はるさんは、私達にわかりやすく主張するタイプ。「いいなあ、犬飼いたいなあ。柴犬がいいなあ。お世話したいなあ」。

とわさんはそっと胸に秘めているタイプ。強い主張はしない。そうしたところで私達が「じゃあ、いいよ」とならないことを知っているから。でも、強い思いを持っている。

ここ最近は、このわんちゃんとずっと一緒にいます。うっかり踏んでしまったなんてことがあると、泣いて悲しみます。一緒の布団で眠り、朝起きると寝かせておいてあげる。まるでこの子が本物の犬かのように。

子ども部屋は将来2つの個室に分けることができるように設計していただいてあります。双子なので思春期が来る時期も同じ。できればこのまま分けることなく過ごせたらいいなぁと思っています。

2018年 09月 14日

玄関収納と我が家の構造

我が家は、玄関を入るとすぐにリビングが見えます。

全ての部屋がこんな感じで、間仕切り収納を挟んで隣の部屋が見える造り。

写真は玄関収納。掃除用具や双子さんの外遊びのものなど、見せたくないものは無印良品の収納ケースに入れています。

玄関とリビングに面しているこの棚は、季節に応じて置くものが変化していきます。

2018年 09月 27日

家族の集合場所

天井の梁とシーリングファン、照明がぶら下がるこの感じが私のお気に入りです。

リビングの南側に大きな窓があり、光がたくさん入って暖かいので、窓辺で2匹の猫が寄り添って寝ているのを眺めるのも好きです。

ソファーにはいつも双子さんがいて、テレビを見たり本を読んだりしてくっついています。どの部屋にいてもお互いの様子がわかる我が家ですが、自然とこの場所に家族が集まってきます。

2018年 10月 14日

音で感じること

がさごそ、がさごそ……。まだ薄暗い早朝、双子さんが起きた音がしました。時計を見るとまだ5時。……早い。

そーっと私のベッドまでやってきたはるさんが、こそこそと「ママ……ママ、まろと大福、ケージから出してあげてもいい？」と私を起こします。「うん、いいよ。ママ、まだお布団にいてもいい？」「うん、大丈夫」。

我が家はそれぞれの部屋にドアや壁がなく、寝るときはカーテンで仕切られているだけなので、家の様子が音でわかります。私はベッドの中で耳をすませて様子を伺いながら目を閉じます。

双子さんが「おはよう」とケージを開けます。猫を出して、水をくんであげている様子。猫のトイレを掃除する音、エサをお皿に出してあげる音が聞こえてきました。

双子さんは、私が何も言わなくても猫のためにきちんとしなければいけないことをしてくれて、それを布団のなかで感じながら涙が出そうになりました。

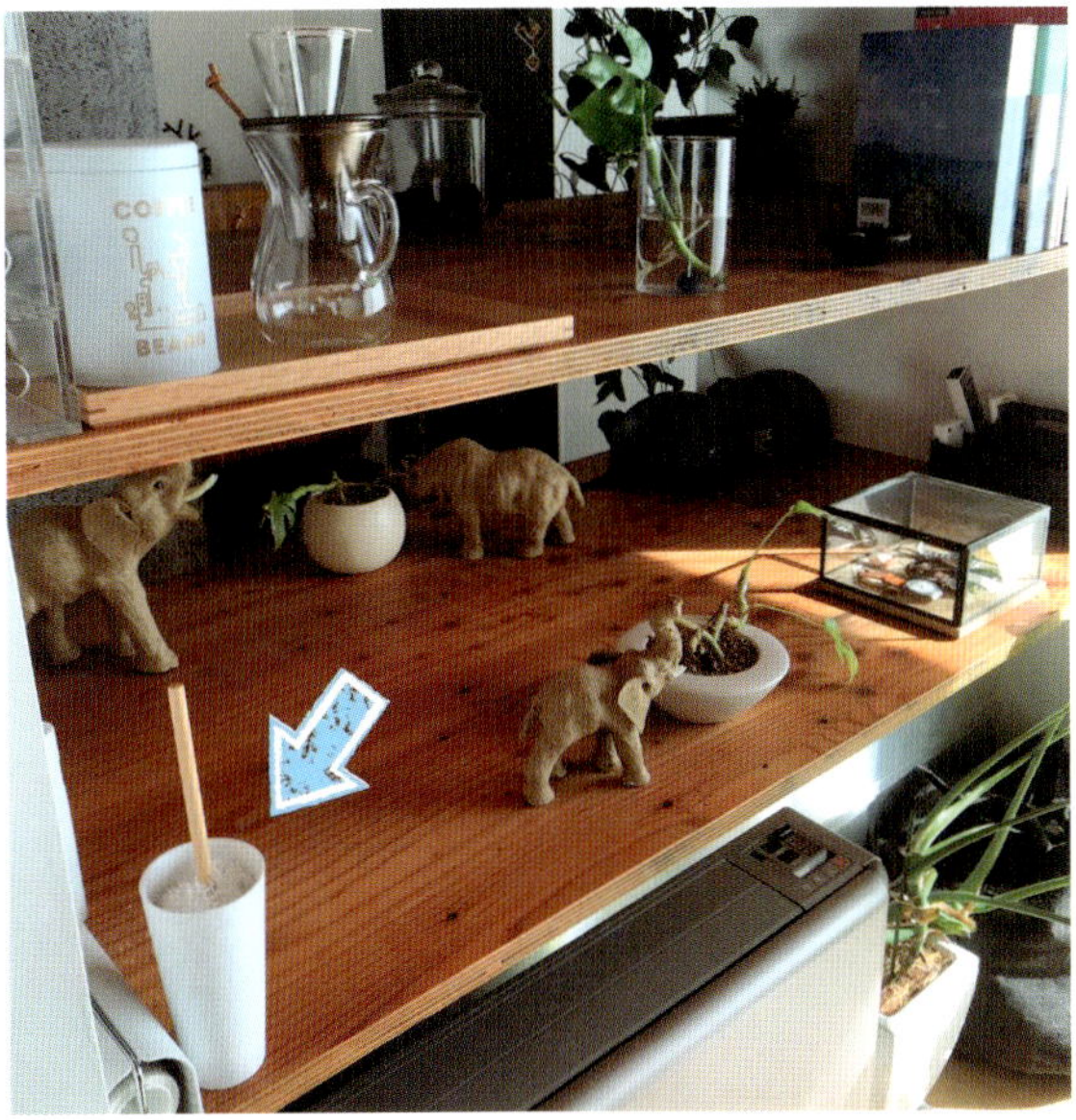

見えるところに置ける掃除道具

毎日猫が大運動会をしてくれるので、以前より棚のホコリが気になるようになりました。

コップつきのハンディモップはシンプルでおしゃれなので、棚に出しっぱなしにしておいても、インテリアの邪魔をしません。

さっと取り出して使えるので、気になったところを後回しにせず、すぐにきれいにできます。観葉植物の葉っぱにも使えます。

MINI COLUMN

これからの部屋づくりプラン

2018年に猫2匹を家族として迎えました。牛柄の兄弟猫のまろと大福です。まだやんちゃな子猫なので、ケージから出すとすぐに大運動会が始まります。

我が家の床材はパイン材でとてもやわらかいので、あっという間に傷だらけ。

でもいいんです。それが家族の歴史として刻まれていきます。

これから双子さんが成長していくと、かけている服の色味も変わってくるし、飾るものや部屋のスタイルも変化していくと思います。

その変化を楽しめる家にしていきたいと思っています。

07

さらみさん

SARAMI

帰りたくなる部屋を目指して。

インテリアが好きな20代後半の社会人です。突如思い立って一人暮らしを始めました。海外ドラマを見ながら、コーヒーを飲むのが休日の癒やしです。帰りたくなる部屋を目指して日々部屋づくりを楽しんでいます。

Instagram user name
「sarami_i」
https://www.instagram.com/sarami_i/

家族構成
一人暮らし

住まい
築3年の1K(キッチン+10畳)

PLAN

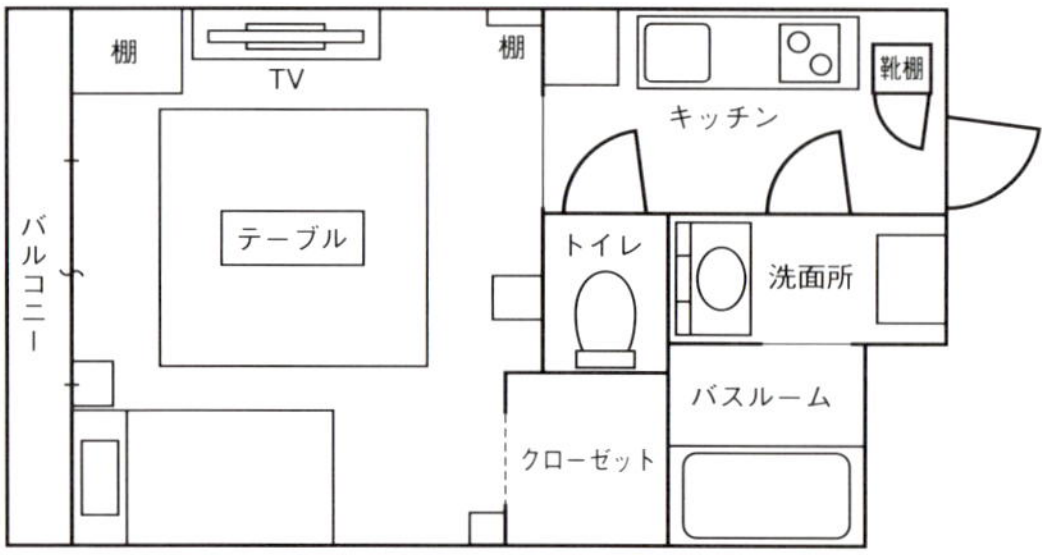

お気に入りの空間

ベッド周りです。インテリア雑誌に載っているゴージャスなベッドに憧れていました。一人暮らしを機に憧れを実現。クッションをたっぷり置いて、リッチな気分を味わっています。

部屋づくりで心掛けていること

一人暮らしはせまい部屋にたくさんのモノを詰め込むので、家に入れる「色」を絞るようにしています。ある程度モノがあっても色数が抑えられているとまとまった印象になるかな……と思っています。我が家の場合は、白、黒+緑+茶色です。柄物も好きなので、取り入れる場合は色味が条件に会うものを購入しています。

2018年 04月 04日

ポスターを飾って

お気に入りのポスター。抽象画が好きです。

黒いほうのポスターに人の手のようなものが写っていますが、安心してください。私です。心霊写真ではありません。

部屋の雰囲気をひっぱり過ぎないよう、モノトーンのものを選んで飾っています。装飾的な意味もありますが、ケーブルや配線隠しにも役立っています！

2018年 04月 09日

謎のサイドテーブル

イデーのサイドテーブル、かわいいですが、どこが正面かわかりません……。脚の形が謎だ。

テーブルの上にはルームフレグランスとLEDライトを置いています。時間に余裕があるときは部屋の間接照明をつけ、ムーディな雰囲気を楽しんでいます。

テーブルの下には雑誌などでよく見かけて、憧れていたPUEBCOのボックスを重ねています。

2018年 04月 25日

かわいいだけじゃないラグ

インテリアショップの店頭で見た、ベッドサイドのラグ。素敵だなーって思って再現。ただそれだけでしたが、意外と便利。朝起きたとき、フローリングがヒヤッとしないって意外とうれしいものです。

2018年 04月 29日

鉢カバーを新調しました

アクタスでの戦利品。コンセント隠しにフェイクグリーン用の鉢カバーと、スタイリッシュなジョウロをゲット。今のおしゃれな人はジョウロを何というのか……。

2018年 09月 16日

気分を上げるディスプレイラック

我が家のアートコーナーです。ポスターやオブジェ、ポストカードを飾っています。

防災のため基本的には高さのない家具をそろえていますが、このラックだけは少し高めです。家具にリズム感が出たかな……と思っています。

棚には左のポスターの雰囲気を崩さないように、手作りポストカードを並べてみました。

2018年 10月 14日

クッション集めが趣味

実家暮らしの頃から集めだしたクッション達。

ファブリックの暖かみが好きで買っていくうち、今では部屋中を埋め尽くしています……。ラグは部屋を広く&明るく見せるため、白いものにしました。

このセンターテーブル以外デスクがないので、食事も作業も全てここで行なっています。ただ、汚さないようにそーっと暮らしています。

2018年 10月 17日

お気に入りのテレビボード

インスタグラムでよくご質問いただく、このテレビボードがショップに再入荷していました。脚がちょっと改良されてて……いいなー。より理想に近いです。私も買い換えたいです。

　ボックスなど収納アイテムによって印象が変わるのでおすすめです。何よりお手頃。

　収納アイテムは基本的に無印用品で購入しています。

2018年 11月 04日

ついに我が家に来た、あれ

来ましたー!! 憧れのＡＪフロアランプ。海外のインスタグラマーさんのお部屋に必ずといっていいほどある、あれ。

　いつもと逆の角度からパシャリ。この佇まいに惚れ惚れ。リプロダクト品ですが、本物と見間違える出来!

2018年 11月 11日

お気に入りの男前ベッドサイド

ベッドサイドには小さめのコの字形のデスクを置いています。

上には実家にいた頃に購入したアングルポイズのデスクライトと、マーチソンヒュームの抗菌&消臭のスプレーをセット！

下の段にはシンデレラフィットした無印良品の書類ケースを置いています。中にはティッシュと懐中電灯、目薬などをイン！　また、部屋中のリモコン収納もこのデスクで行なっています。

横の布製ボックスはゴミ箱です。寝る前に外したコンタクトなどを、ベッドに入ったままポイっと捨てます！

2018年 11月 25日

ちょっとゴージャスなベッド

憧れていたクッションたっぷりのベッドを一人暮らしを機に実現しました！

リッチ気分です（まだまだ増えていく気がしています……）。シーツのカバーは無印良品で購入したシンプルなものを使用しており、ベッドカバーとしてかけているブランケットで雰囲気を調整しています。

MINI COLUMN

愛用品とインテリア

手作りの「人をダメにするソファー」です。気に入るものがなかったので、元々オットマンとして売られていたものを、中身を抜いてカバーにチャックを縫いつけ、安いビーズクッションを中に入れました。快適です！

08

rukaさん

RUKA

シンプルで、北欧感のあるインテリア。

東京在住。アパレル会社の人事兼広報をしています。一人暮らし歴はまだ1年、社会人歴は4年。シンプルで北欧感のあるインテリアと一緒にのんびり暮らしています。

Instagram user name
「___ruu___」
https://www.instagram.com/___ruu___/

家族構成
一人暮らし

住まい
賃貸の1Rマンション

お気に入りの空間
1Rですが、リビングスペースです。最近大好きなブルーグレーのアクセントクロスを貼ったので、とってもお気に入りの空間になりました。シンプルな家具でモノも少ないので、少しさみしい感じがするなと思い、思いきって貼りました。

PLAN

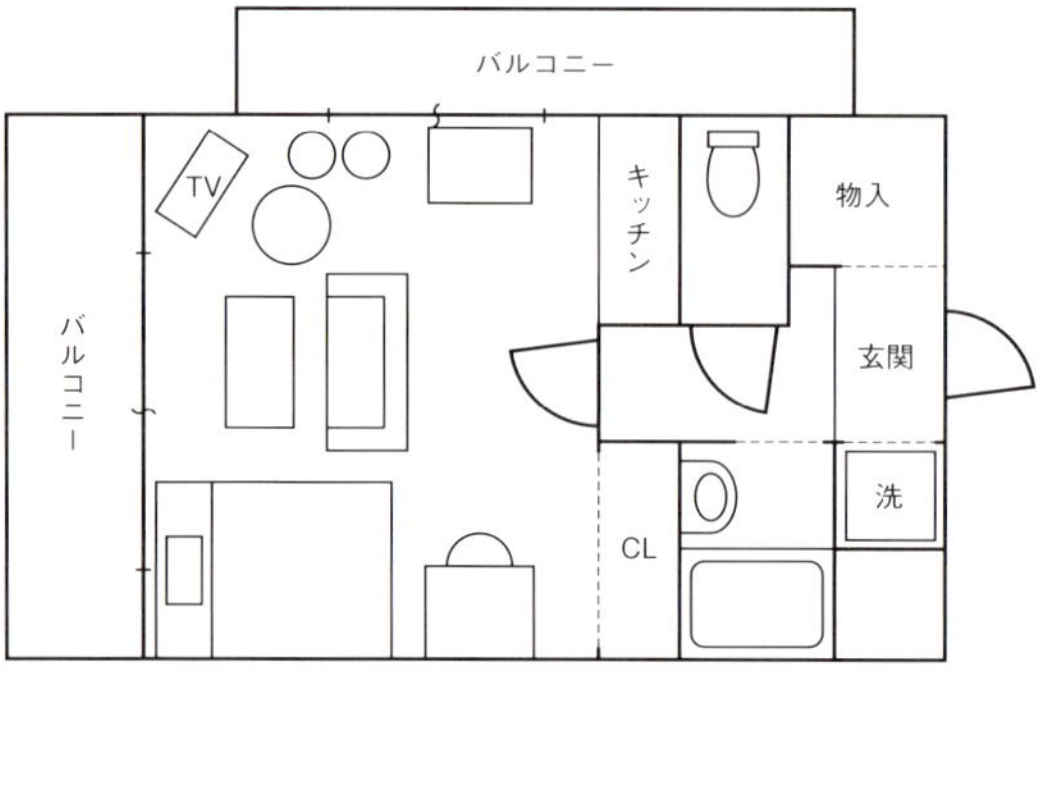

部屋づくりで心掛けていること

最初に部屋の主役となるメインの家具を決めたら、その家具に合うテイストのアイテムだけ選ぶようにしています。私の場合は、一番初めに決めた家具がラグでした。テーブルやベッドは元々持っていたものを使う予定だったので、その2つとのバランスを考えて、ほかのTVボードやソファーを決めていきました。ごちゃごちゃしすぎないよう、メインで使う色をいくつか決めて、その色に合うものだけを買っていきました。

2018年 06月 20日

壁にディスプレイ

壁に飾っているスワッグがだんだん日焼けしてきて、緑から茶色になってきた。これはこれでかわいいから、よし。

スワッグは花屋さんでドライフラワーを買いました。壁飾りはイデーで購入。

写真にはありませんが、ベッドサイドにはマリメッコの「ルミマルヤ」のファブリックパネルを。このファブリックパネルは一人暮らしが決まったときから、絶対買うって決めてましたー！　飾るだけで一気に北欧感も出るのでおすすめです。

2018年 07月 08日

クローゼットの中身

クローゼットを最近片付けました。服をたくさん持っているわけではないので、Tシャツやキャミソール以外は基本的にハンガーにかけています。

ニットや冬物は上のボックスへ。下の茶色のボックスは、パジャマやヨガウェア、Tシャツを入れています。

もっとすっきりさせたいけど、収納はまったく得意ではないので、これが限界です……。

2018年 07月 16日

壁紙を大好きなブルーグレーにしました

ついにやりました!

壁一面にブルーグレーの壁紙をアクセントクロスとして貼りました。もちろんはがせるタイプなので、飽きたときや退去するときはきれいにはがせます。

前はシンプルな白。こちらも好きだったけど、大好きなブルーグレーのほうがテンションが上がります。

壁紙は輸入壁紙のショップWALPAで買いました。おしゃれな店員さんと何種類も見比べて決めたので、すでに愛着がすごい。1人でも貼れるように教えてもらえたので、結構きれいに貼れました。

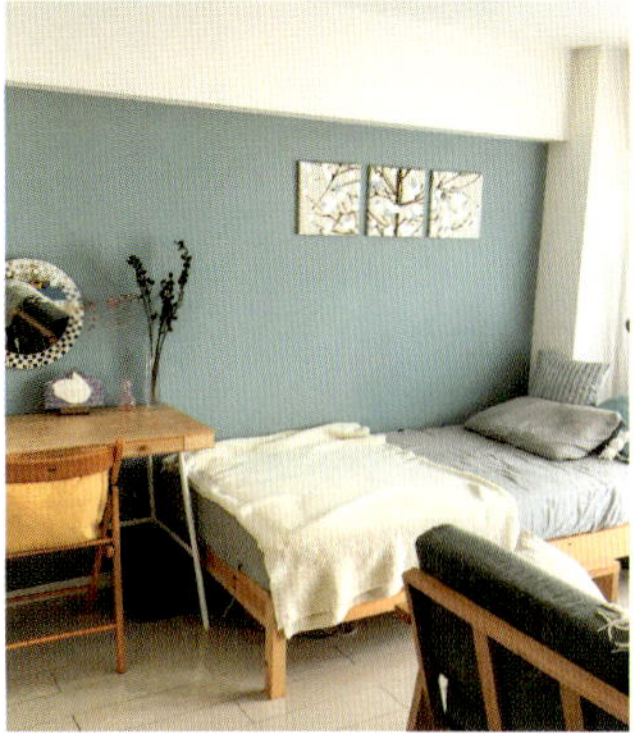

2018年 09月 16日

デスク周りがお気に入り

デスクの壁に鏡をつけてドレッサーにしました! もっと早くやればよかったと思うくらい快適です。

机の上のボックスにはメイクグッズやスキンケアグッズを入れています。お気に入りの場所になりました!

MINI COLUMN

愛用品とインテリア

楽天で29800円で購入したコスパ最強のソファーです。安っぽくなく、へたらず、シンプルでなじみやすいデザインなのでお気に入り。ルミマルヤのファブリックパネルは、飾るだけで一気に北欧感が増してかわいくなる気がします。今の部屋は私の中でほぼ完成形に近いので、今後のライフプランで広い部屋へ引っ越しができたら、もう少し違うテイストの部屋をつくってみたいです。

考え抜いた配置

背の順に並んだ植物達がかわいい。もう少し大きくなったら植え替えをして、もっともっと大きくしていきたいな。
　ワンルームの部屋だけど、どうしてもソファーを置きたくて考えた結果のこの配置。

結果、めっちゃ使いやすいです！

　ソファーでのんびりお茶しながら手芸をしたり、テレビを見たり、友達が来ても座る場所があるのがいい！　ソファーがある暮らし最高です。

おすすめのカーテンは……

「一番買ってよかったものは何ですか？」と質問をいただくのですが、断トツでカーテンです。遮光性なしなので、カーテンをしていても、このくらい光が入ってきます。
　前に住んでいた家は、全部屋遮光カーテンだったので、カーテンを閉めていると常に

真っ暗でした……。

　朝起きられないし、雰囲気も暗くなるしで嫌だったので、この遮光性なしのカーテンがお気に入りです。

　一人暮らし、または同棲開始する皆様、カーテンは遮光性なしがおすすめですよ～!!

09

RIKAさん

RIKA

グリーンのある生活を楽しんでいます。

ベランダガーデンクリエイター、みどりの雑貨屋コーディネーター。大阪在住。マンションのベランダでガーデニングを始めたのをきっかけに、グリーンを育てる楽しさ、グリーンの癒やしを実感！　グリーンと「グリーンのある生活」を日々楽しんでいます。

Instagram user name
「skipkibun_rika」
https://www.instagram.com/skipkibun_rika/

「SKIP気分」
https://ameblo.jp/skipkibun/

家族構成
夫、自分、長男18歳

住まい
3LDKの分譲マンション

PLAN

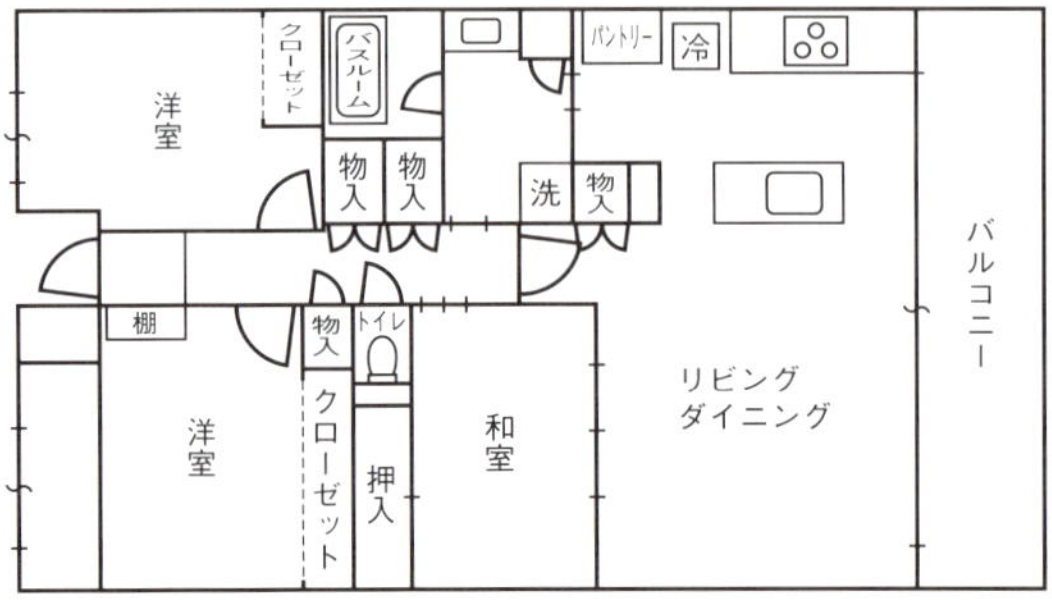

お気に入りの空間

ベランダガーデン。マンションのベランダに、生活感をできる限り消し去り、好きな植物と好きな雑貨やボックスだけで作った空間です。私のパワースポット。

部屋づくりで心掛けていること

植物が似合う、暖かみのあるインテリアを心掛けています。ベランダガーデンとの一体感も意識して、カーテンを開けて全体を眺めたときにベランダガーデンもインテリアの一部のように見える空間づくりをしています。

2017年 09月 03日

和室の壁をアレンジ

以前、和室の壁に足場板を貼っていることをインスタグラムに載せていましたが、とうとう完成しました。

電気のスイッチやコンセント周りの板処理でも「ブラックアンドデッカー」さんの電動工具が大活躍。

写真の角度からの眺めが、特に好きです。壁に板を貼ることで、和室にソファーがなじむようになりました。和室とLDK、そしてベランダガーデンとの一体感も深まり、大満足です。

2018年 05月 02日

グリーンが集まるキッチン

管理がしやすいし、お料理をしながら近くで眺められるので、ついついキッチン周りにグリーンが集まります。

天井からハンギングしているポトスは、いつの間にやらこんなにもツルを伸ばして生長。斑入りの葉が爽やかさを演出してくれるので、お気に入りです。

2018年 05月 13日

大好きな部屋の眺め

写真は、キッチンに立ったときの眺め。

お料理や洗い物の最中にふっと手を止めて、「やっぱり私はこのおうちが好きだなあ……」って思える日常に感謝。

ダイニングテーブルの上は、選定したウンベラータの枝。ドウダンツツジを迎えるつもりでしたが、発根に期待しながら、しばらくはこの子を楽しみましょう。

2018年 08月 12日

ベランダガーデンをお掃除

我が家のベランダガーデン。夏の庭はすぐに乱れます。セミの大合唱を聞きながら庭掃除……。少し風は吹いているけど、やっぱり暑い。

ところで、壁には板壁を取りつけ、床には板を敷き詰めたことで、見た目がよくなっただけでなく、照り返しがなくなり、植物の暑さ対策にもなっています。

男前のグリーンが仲間入り

クーラーなしで過ごせるようになりましたね。暑すぎた夏の終わりに、ホッとしています。

太い葉軸にツヤツヤ&ピカピカの葉っぱが美しい、左手前のグリーンは「ザミオクルカス・ザミーフォリア」。

外で見るたび気になっていたのですが、とうとう我が家の仲間にしました。おうちに置いてみると……やっぱりかっこいいです。

男前のこの子を「ザミ男くん」と呼ぶことに決めました(笑)。とても乾燥に強く、室内の明るい場所に置いてあげるだけでOK！　このかっこよさ、プラス育てやすいなんてうれしくなります♪

MINI COLUMN

愛用品とインテリア

我が家のLDKのシンボルツリーであるウンベラータ。ひとつ大きな木を置くと存在感があり、それだけでグリーンライフが始まります。アルテシマ、エバーフレッシュ、カシワバゴム、アマゾンオリーブなども育てやすくておすすめです。

また、我が家は本物の植物だけでなくフェイクグリーンや雑貨も取り入れて、ミックスしてディスプレイを楽しんでいます。植物のお世話がしにくい、高い場所や植物が育つのに必要な光が入らない場所でも、フェイクグリーンのおかげで癒やしのグリーン生活を満喫できています。

2018年 09月 20日

扉っぽい扉

黒板塗料を塗った収納スペースの扉。普段は絵や文字を描いて遊んでいますが、今回は「より扉っぽくしてみよう！」と、モールディングを描いてみました。扉を扉っぽくね（笑）。

その時々に色々描いて気分転換できるので、塗ってよかったです♪

2018年 09月 21日

プランツハンギング

濃い色と薄い色の2色のデニム生地で作ったプランツハンガー。爽やかな色味で気に入っています。

植え込んでいるのは、多肉植物のグリーンネックレス！ 垂れ下がるグリーンはプランツハンギングにぴったり！

プランツハンギングしたいけどひっかける場所がない方は、カーテンレールに下げるのもひとつの方法です。

ちなみに、このデニム生地の紐はダイソーで見つけました。

2018年 11月 10日

かわいいボックスの中には……

キャベツボックスに並べている2つの箱。中には何が入っているでしょう？

上段のグリーンの琺瑯のボックスには、ビニール袋から出した園芸用の土が入っています。下段の木箱の中には、肥料や殺虫剤が入っています。

目に入ったときにテンションが下がるアイテムは、おしゃれに隠して収納！ お気に入りの空間だからこそ、心掛けています。

2018年 11月 28日

ローボード上にもグリーンを

ただただかわいい、日常のグリーン。リビングのローボードの上には、観葉植物と一緒に雑貨も配置しています。

　キッチンの正面にあるので、お料理しながら眺められるのがうれしいです。

　「どうやったら、植物がよりかわいく見えるかな？」と、その並べ方を変えるのも楽しいひと時です♪

2018年 11月 30日

グリーンを吊るしてみました

ラダーを天井から吊るして、それをグリーンでモリモリに♪　一度やってみたかったんです。このラダーはコンパクトサイズでディスプレイに使いやすいんです。

　グリーンはフェイクグリーン。ちょっと盛りすぎかなと思いつつ、グリーンいっぱいは、やっぱりかわいい。

　ドライフラワーをぶら下げてもかわいいだろうなぁ。

10 ak3さん

AKTHREE

セルフリノベーションでゆる～く暮らす。

兵庫県在住の主婦、40代。基本大雑把な性格なのでぶっ込み収納が中心の、がんばりすぎない暮らし。収納アイテムからあふれそうになったときが収納見直しのチャンス！　収納アイテムは今以上増やさず、収納アイテムに入るだけをキープ。自分の管理できる数を把握し、それ以上もそれ以下もなし、モノがあってもすっきり暮らしたい。そんな、ストレスにならない自分に甘く家族に優しいマイルールで（笑）、ゆる～く暮らしてます。

Instagram user name
「achipetit」
https://www.instagram.com/achipetit/

「築22年をセルフリノベ！DIYと収納見直しでゆるりと暮らす身の丈生活」
https://ameblo.jp/4614ak3/

家族構成
夫、自分（息子はこの春から一人暮らし）

住まい
築22年の分譲マンション、4LDK

PLAN

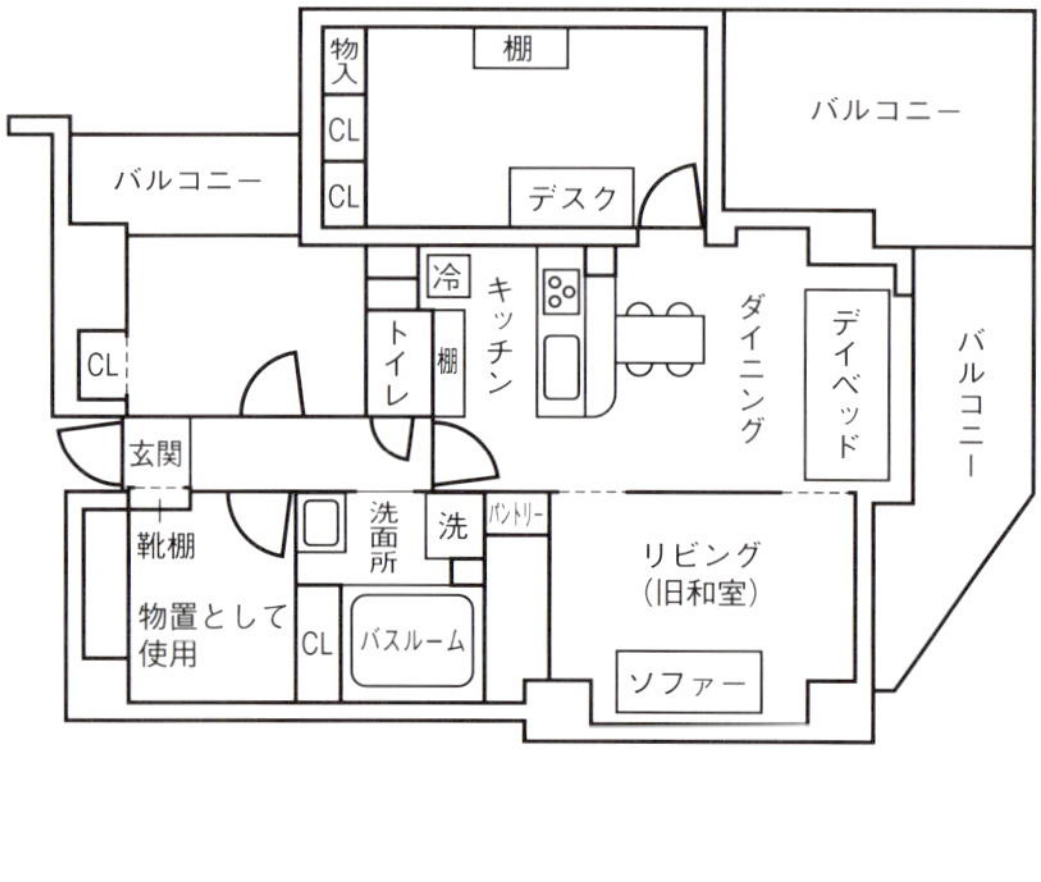

お気に入りの空間

テーブルに座ったときの、私の席。夫婦でセルフリノベーションした和室が一望できるから。決して広くない我が家。リビングと和室の壁も2人で抜き、解放感ある空間となり、とても快適。窓を開けると流れる風を味わいながらグリーンを眺める時間が私の癒やしです。

部屋づくりで心掛けていること

広くない部屋を有効利用したくて、なるべく壁面に家具を配置。ベタですが掃除がしやすいというメリットも⁉（笑）シンプルなデザインのものを選び、DIYやハンドメイドで手作りの暖かみ、遊び心をプラスしています。

▶ 2016年 11月 25日

窓枠が完成！

リビング同様、私の部屋も窓枠を作りました！

一緒に作ってくれた相方君、頼もしい存在！ 感謝です！

バルコニーにはウッドデッキをDIYしました。それに伴い、部屋のなかからも一望できるように、窓枠の下部分は木材をあまり使わず視界を重視させました。それとは反対に窓枠上部は縦と横に走る木材を交差させて完成させました。

▶ 2017年 08月 29日

押入をDIYでアレンジ

未完成ではありますが、押入のリメイク。配置やバランスを確認中〜。ライフスタイルが変わりつつあるので、それに伴って模様替えです。

努力が全然見えない漆喰の壁と（笑）、有孔ボードを使って収納スペースをつくりました。まだイメージだけで、「どうしようかな？」という感じの途中記録。

本当はほかのバージョンもがっつりイメージしていたので、まさか！ PCスペースを解体してから収納スペースを作らなければならなくなるなんて！ 私的に大誤算！ でも色々考える時間が楽しい！

2017年 10月 15日

DIYインテリア

正方形のボックスをはめ込むように脚を作ってDIYした本棚。

隣のテーブルもDIYしました。今は解体してありません。テーブルをDIYする前は棚板だったのですが、お部屋の模様替えをするようにDIYで作り替えることもよくあります。

ライフスタイルに合わせて家具の配置を変えるだけでなく、築年数が増したことによって気になる箇所が増え、壁も汚れが気になって白くペイント。

あちこち傷が目立つ位置にはクッションタイプの壁紙を貼って古さをカバー。セルフなので少しずつの隙間時間の作業ですが、快適にストレスなく過ごせる空間に近づければうれしいなと思っています。

2018年 06月 02日

リノベーションした空間

ベランダに向かって左がリビング、右が元和室です。よく見ていただきますと、段差がありますよね。畳があった名残です。板を敷き詰め、リビングと和室につながりをもたせました。

MINI COLUMN

愛用品とインテリア

無印良品が好きです。追加購入しやすいし、シンプルだからインテリアにプラスしてもごちゃつき感なし！　最近では鉄のフライパンがお気に入り。お手入れは大変ですが、その分、作り手さんの仕事ぶりなどを感じて感動しきり！

2018年 06月 30日

リビングから見た元和室

この2つの部屋には仕切りの壁がありました。さらに引き戸で仕切られており、息子の成長とともに仕切りがあることでせまさを感じるようになり、壁を撤去しました。

石膏ボードの壁を家にある工具で解体。飛び散る粉塵との格闘。体力との勝負。大変でしたが、今となってはいい思い出です。

2018年 08月 25日

夫が休日返上で……

多分、リビングのクーラーが壊れました！　なかなか暑いです。隣の部屋から冷房の涼しさを取り入れてはいますが、なかなか冷えません。

リビングから見たキッチンです。ぶら下がっている照明は、壁から電気をひっぱってきてもらいました。電気工事士の資格を持つ主人に、貴重な休日返上で（笑）。

20数年前の対面式キッチン。

垂れ下がり壁には収納棚がありました。手が届きにくい高い位置だったため、収納するのはあまり使わないもの。いつしか収納というより、ただしまっておくだけのスペースに。

使用頻度も少ないならば、「なくても困らないものなのかも？」と収納棚を撤去。垂れ下がり壁も解体しました。限られた居住空間が広く解放的になったように思います。

2018年 09月 13日

すっきりしたイメージに

雨の予報がウソのような、晴れ間がパーッと明るい空。今のうちに洗濯物を干してしまおう！

　キッチンは背面にある棚をDIYし、電子レンジや炊飯器、トースターなどを目隠ししています。広くないキッチン。ですが必要なアイテムも多く、ステンレスや白、黒と色をそろえて、雑多な感じを少しでもすっきり見えるように心掛けています。

2018年 09月 18日

空間を広く見せて

早起きした今日。といえば聞こえはいいですが、「目覚まし時計に無理やり起こされた！」が正解かな？　こんな朝は体が重い。

　写真に写っている元和室は、右手に見える押入だったところを解体し、部屋として空間を広げました。

　空間を少しでも多くとりたいため、置いているのは大きめシーターのソファーだけ！

　そのほか、木製の小家具はDIYしたもので、ハンドメイドで暖かみをプラスしています。

2018年 09月 26日

もっと早くブラインドにすればよかった

今朝はとてもいい天気。昨日の疲れも癒やされます。

カーテンからブラインドに変えました。お値段以上のニトリなども候補に挙がっていましたが、真っ白でサイズがオーダーできるものに決めました！

クローゼット内に風を通したくて、今まではカーテンを全開。ブラインドなら、閉めてるようで風も通る！　もっと早くやっておけばよかったな！

2018年 11月 05日

そろそろクリスマス

少しずつクリスマスモードに。にぎやかでワクワク楽しいイメージの赤、緑といったクリスマスカラーにこだわらず、しんしんと雪が降るホワイトクリスマスをイメージ。静かで穏やかに過ごしたいという気持ちからテーマカラーを決め、ワントーンやグラデーションくらいにまとめて、毎年カラーを決めています。シルバーだったり白だったり。今年はゴールドを意識してみましたよ。

MINI COLUMN

これからの部屋づくりプラン

キッチンの壁を、壁紙から本物のタイルに変えたいと思っています。あとは、息子が独立して夫との大人2人生活になったので、鍋や卵焼き器などをこだわってそろえていきたいです。

11

IRUSOさん

IRUSO

ソウルでつくる、落ち着ける住まい。

大韓民国のソウル特別市に住んでいます。ワーキングホリデー中、30代前半。自分が一日を終えて家に戻ってきたとき、落ち着ける空間になるよう部屋づくりをしています。インテリアの配色、アイテム、ひとつひとつが空間としてまとまるよう意識しています。

Instagram user name
「iruso_daily」
https://www.instagram.com/iruso_daily/

家族構成
一人暮らし

住まい
新築ワンルーム。韓国では「オフィステル」と呼ばれている、オフィス兼住宅として使うことを目的としてつくられた集合住宅

PLAN

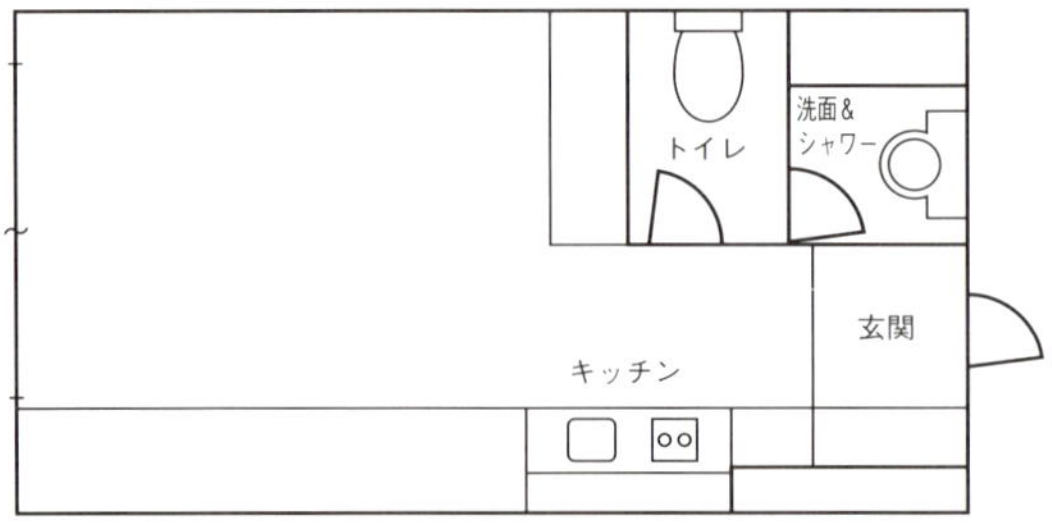

お気に入りの空間

部屋に備え付けられた、机兼収納棚。お気に入りのアイテムを並べているだけなのですが、食の時間、カフェタイム、勉強の時間など、私の生活の時間を全てこの机兼収納棚の上で行なっています。

部屋づくりで心掛けていること

韓国のオフィステルと呼ばれるワンルームは家具が元々備え付けなので、一人暮らし世帯には大変助かるシステムです。ただ、その後のインテリア選びを間違えるとお部屋の空間にまとまりがなくなってしまうので、お部屋に似合う色、雰囲気の合うインテリアを選ぶよう心掛けてきました。ワーキングホリデーという、期間限定の家でもあったので、大型のインテリアは購入を避けていました。

2018年 08月 09日

お気に入りばかりのキッチン

我が家のキッチン。毎日立つこの場所は、本当に好きなものに囲まれていないとモチベーションが上がらないので、お気に入りばかり置いている。

私は整理整頓が好きなのですが、巷で流行っている、収納ボックスに入れたり、きっちりきっちりした収納は好きではないんです。

ある程度、生活感があるほうが私の暮らし方としては落ち着くので、汚く見えない程度にっていうのがスタンスです。

2018年 08月 11日

布団だからできること

布団だとその日の気分で、どの向きで寝るか自分で決められる。あとは万年床にならないところ。畳む・敷くの行為が日々のスイッチの切り替えになる。

最近日差しが強くて、朝暑くて起きるので、そろそろブラインドを下ろして寝ようと思う。

MINI COLUMN

愛用品とインテリア

三脚照明。元々お部屋の照明は蛍光灯しかなく、夜の時間に蛍光灯をつけることに目が慣れていなかったので、暖色系の間接照明を探していました。韓国に入国した日に泊まったおうちに似たような大型の間接照明があり、その照明が家の顔になっていることに気づきました。その後探していたら、この照明に出会いました。三脚部分が木製で、おうちのフローリングの色ともマッチしていました。

2018年 09月 18日

景色を楽しむ余裕

朝の何ともいえない空のグラデーションを眺めながら身支度をするのが好きです。景色を楽しむ余裕は時間から生まれます。5分が生み出す余裕。とても大切だと思います。

向こうにはソウルタワーも見えて、ソウルらしい景色がとってもお気に入り。

モビールは、ワーキングホリデーに来たばかりだった去年の冬、ソウル市内にあるデリム美術館で購入したもの。雪の結晶のモチーフは冬の景色にぴったりで、長い冬が続くソウルの街に特にお似合いでした。

2018年 10月 17日

大好きな照明とともに過ごす夜

布団はたくさん枕やクッションを並べて、ホテルっぽくするのが好きです。枕元には大好きな三脚照明を持ってきて。

持ち運びできる軽量な三脚照明は、その日の気分によって床置きにしたり、デスク上に置いたりしてちょっとした模様替えが楽しめる優れたインテリア。優しい灯りに包まれて、静かで落ち着いた時間を過ごすことができます。

2018年 10月 23日

きれいを保てるのは習慣のおかげ

遅めに帰宅した日でもきれいな状態を保てるのは、ひとつひとつのモノの場所が決まっているから。

服は洗濯かごに入れることを習慣づけておくだけで、洗濯物が散らかることはないし、カバンは中身を出して畳む。これも習慣づいていることにより、カバンの中身がぐちゃぐちゃになることもない。

朝起きたとき、いつも通り過ごせる。それは部屋をきれいに保っているから。心の余裕ともつながっている。

全ては習慣によってサイクルしている。

2018年 11月 02日

光が作る部屋

オレンジの光が差し込む部屋が好きです。

寒くても、朝は10分ほど換気します。そのほうが気分がすっきりできるから。

備え付けだった収納棚。ここが日本の住宅スタイルにはない魅力的な部分でした。自分で収納棚を買わなくてもよくて、シンプルなデザインが多いので、自分で部屋づくりをするときにも溶け込んでくれるデザイン。韓国のオフィステルの魅力です。

2018年 11月 03日

備え付けの家電

朝から太陽がさんさんと……。あっつーい。

ブラインドを閉じても光が入る。ブラインドが作り出す影が好きです。

私が入居した家にはコートなどもドライクリーニングできる最新家電「LG Styler」が導入されていました。そのほか洗濯機や冷蔵庫も備え付けで、収納棚のように色味が統一されていて、インテリアとして部屋に溶け込んでくれています。

MINI COLUMN

これからの部屋づくりプラン

今住んでいるおうちは、事前にクローゼットや収納棚などの家具が備え付けだったのでそれに合わせた空間づくりをしてきただけだったので、今後は自分で家具も選び、一人暮らしをするのが楽しみです。

海外暮らし中は荷物を下手に増やせないこともあり、大型のインテリアであったり、お花を楽しむこともなかなかできなかったのでお花のある生活も楽しめたらいいなと思っています。

12
nonchiさん
NONCHI

生活を感じられる部屋に。

札幌市在住の30代、一人暮らし。趣味が高じてインテリアコーディネーターの資格を取りました。自分の好きなもの、本当に気に入ったものだけを選んで暮らしています。そんな理由から部屋のなかは自分の体格や部屋のサイズ、生活習慣にぴったりな手作り家具がほとんど。こだわりが強い反面、飽きっぽくてズボラな性格なので、生活を感じられるちょっぴりゆるっとしたお部屋が心地いいです。

Instagram user name
「nonchi.mongeeeeeee」
https://www.instagram.com/nonchi.mongeeeeeee/

家族構成
一人暮らし

住まい
築4年の賃貸マンション、1LDK

PLAN

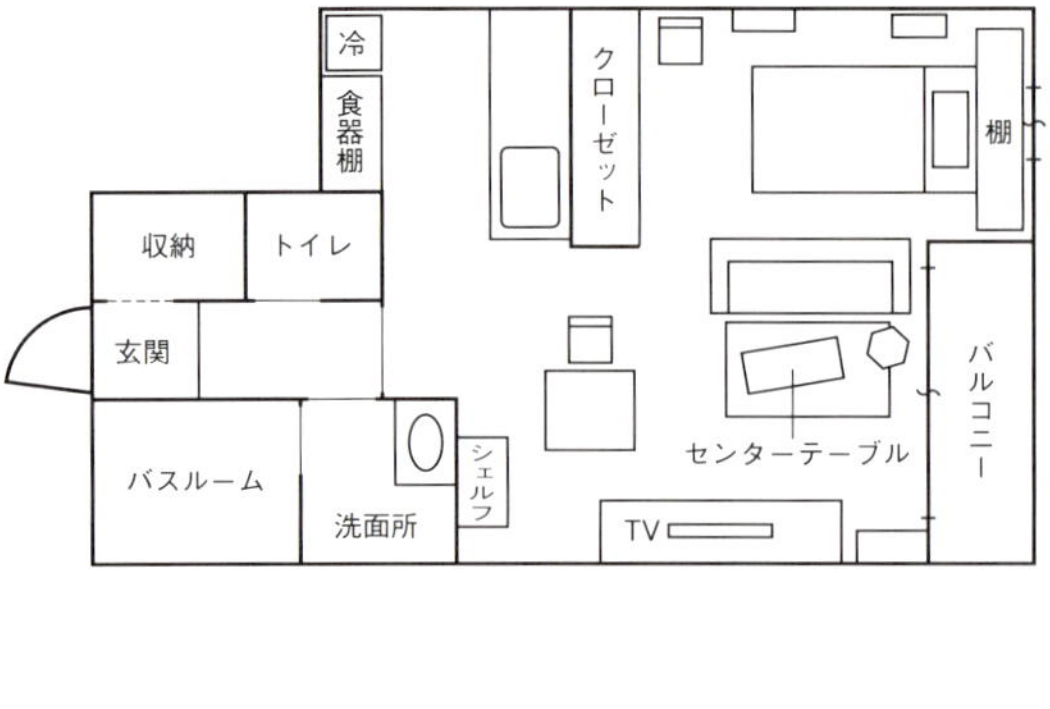

お気に入りの空間

ベッドルーム。内開きの窓があるのでヘッドボードつきのベッドが置けずに悩み、思いきって窓の下にぴったりサイズの棚を作って出窓風にしました。棚にくっつける形でベッドも製作したら、とってもいい雰囲気の寝室が完成しました！

部屋づくりで心掛けていること

買い物は絶対に妥協しないこと。サイズやデザイン、素材、質感などなど、120％欲しいと思ったもの以外は絶対に買わない。そして、違和感を信じること。かわいいとかかっこいいとか思う直感的な感性って影響を受けて変わるので、経験からくる違和感のほうを信じます。素材で遊ぶこともポイント。少し前までは色でアクセントをつけてましたが、最近は素材重視です。

新しいおうち

リビングから寝室を見た図。前のおうちと違って、間取りはごく普通の1LDKです。38平米。扉を開ければ大きなワンルームのような感じ。

ソファーやパレット風テーブルは特に変化なしだけど、クッションカバーを新調しました。

MINI COLUMN

愛用品とインテリア

実は実用的なラダーラックとイス。クローゼットの前に配置したラダーラックには、毎日使う上着、帽子、ストール（夏はエコバッグ）の3点をかけています。出かけるときはここからとって着て、おうちに帰ったらまずここにかける。そしてイスはバッグを置くために。毎日身につけるものの置き場が決まっていたら、自然とおうちが散らかりません。

2018年 08月 24日

めずらしく買った家具

スチール製の家具はどうがんばっても私には作れないので(笑)、めずらしく買った組み立て家具。素敵、とても素敵。

ただ、組み立てなんて、家具作りに比べたらかんたんっしょ～なんて余裕ぶっこいてたら、穴ひとつ間違えただけで何度も組みなおす羽目になり、「何これ、超むずかしい！　無理！　できない！」と軽くパニックってましたとさ。

組み立て家具を設計する人ってすごいよね……!!

2018年 08月 27日

本格的に寒くなる前に

札幌は一気に寒くなってきました。寒がりの私には夏布団というものは存在せず。

本格的な冬になったら、毛布だけ取り替えて（夏は薄手のフリースブランケット）、ベッドパッドの下に電気敷き毛布を仕込むのです。

頭が寒かったら、窓周りも考えなおさないとな。

2018年 08月 28日

巻いて結んで切るだけで

備え付けのストーブにダイソーのレースカーテン（３００円）と、レースヤーンで作ったフリンジをくっつけて即席カバー。

手先を動かすのが楽しくなって、ポンポンでプランターカバーをおめかし。

巻いて結んで切るだけのかんたん手芸なら、私にもできる〜。

2018年 10月 24日

新しくお迎えした家具

新しい家具が来ました〜。わかるかしら、六角形のサイドテーブル！

なんとアマゾンで２４００円。レビューが★２つで心配してたけど、何の問題もなかった。トレンドのストーン風だよん。

ライトは同じお店で見て、かわいくて衝動買いしました。１７００円。灯りというより飾りだよ。

MINI COLUMN

これからの部屋づくりプラン

映画を見るための快適なお部屋づくり。高機能なテレビやスピーカー、配信サービスのおかげで、おうちで映画を見る機会が増えました。2時間じーっくり映画を見ても疲れないイスが欲しい！（狙ってるのはニーチェアエックスのロッキング！ 折り畳めるし！）

13
mayaさん
MAYA

リラックスして暮らしを愉しむ大切な場所。

福岡県在住、30歳。以前の私にとって「住まい」とは、仕事から帰ってきてまた出かけるまでの間、一時的に過ごすためだけの場所でした。今では自分が一番リラックスできる場所であり、暮らしを愉しむための大切な大切な場所になりました。日々、試行錯誤しながら私らしい家（部屋）づくりを楽しんでいます！

Instagram user name
「__m._______」
https://www.instagram.com/__m._______/

家族構成
一人暮らし

住まい
1LDKの賃貸マンション

PLAN

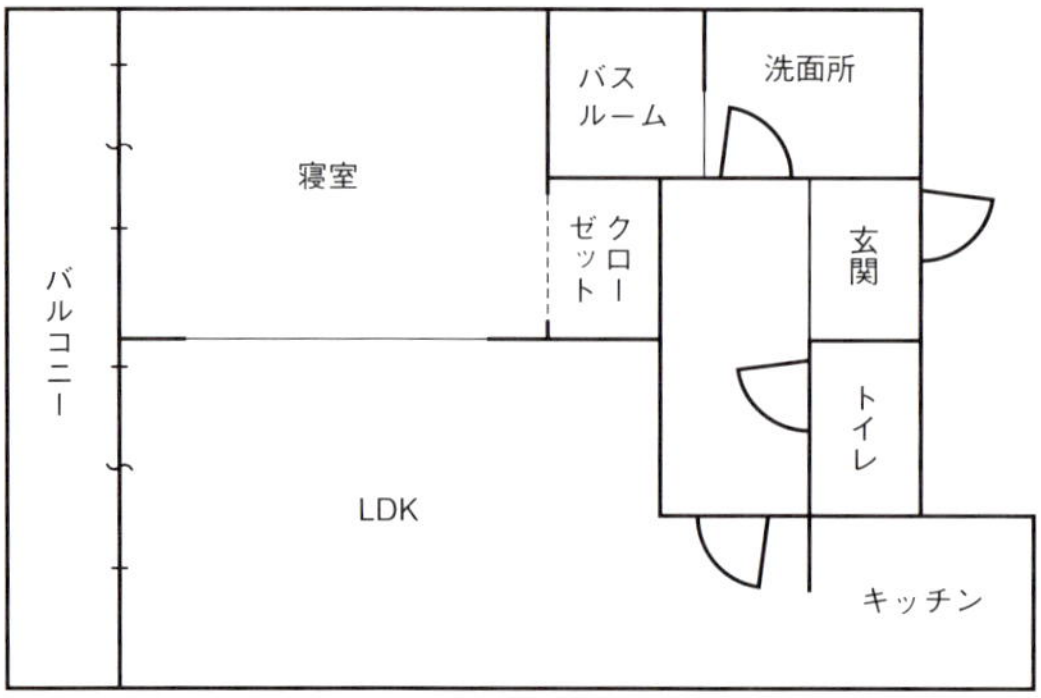

お気に入りの空間

一番のお気に入りはダイニングスペース。食事はもちろん、読書や書き物をしたり友人達とテーブルを囲んでおしゃべりを楽しんだり……。私にとって“日々の暮らしを楽しむ”ために欠かせない、大切な空間です。

部屋づくりで心掛けていること

季節やその時々の気分に合わせて、部屋のレイアウトを変えてみたり、生活感のあるものはなるべく収納して、すっきり片付いて見えるよう心掛けています。
コンパクトなスペースなので、ベッドやソファーの位置を少し変えるだけでも部屋の印象がグッと変わり、いつも新鮮な気持ちで過ごすことができるんです。

2017年 11月 30日

一日の締めくくりに

私は寝る前、ベッドのなかで過ごす時間がとても好きです。ふかふかのお布団、ピローやクッションに包まれていると、不思議と気持ちが落ち着いてきて、リラックスできます。

間接照明の暖かくて、優しい灯りの下で本を読んだり、音楽を聴いたり……。気づいたらそのまま寝ていたなんてこともしばしば（笑）。夜限定のリラックスコーナーです。

2017年 12月 23日

念願のダイニングテーブル

「MARUNI60+」のラウンドのテーブルと「ERCOL」のチェアが仲間入り。11月に注文していた子がようやく届きました。念願のダイニングテーブル。

MINI COLUMN

愛用品とインテリア

旅先で日本の手仕事で作られた道具や器を見かけると、ついつい連れて帰ってしまいます。

▶ 2018年 02月 13日

壁のディスプレイ

私は模様替えが大好きです。特に好きなのは壁のディスプレイ。飾り棚内のレイアウトを少し変えてみたり、お花を飾ってみたり。

少しアレンジしただけでも、部屋の雰囲気がガラっと変わるのが新鮮で楽しいのです。

▶ 2018年 03月 08日

壁に付けられる家具

無印良品の壁に付けられる家具は賃貸でも取りつけが可能なので、飾り棚用や収納用など、サイズや形違いで購入し、愛用しています。

今回は、お気に入りの照明と本を並べて読書コーナーを作ってみました。

MINI COLUMN

これからの部屋づくりプラン

季節の変わり目にファブリックを替えるなど、季節感をもっと上手に出せるようになりたいです。カーテンやラグ、クッション、マルチカバーなど……。そして、室内の観葉植物をもっと増やしてベランダガーデニングを始めたいです。賃貸でもOKな、はがせる壁紙も使ってみたいです。

▶ 2018年 08月 17日

くつろぎスペース

今日はいい風が吹いてました。やっぱり自然の風が一番心地いい〜。

リビングと寝室の仕切り扉を取り外してできた、広々と開放的なスペース。食事をしたりテレビを見たり、友達を呼んでおしゃべりを楽しむ、くつろぎのリビングダイニングになりました。家具も圧迫感を抑えるため、低めのものを選ぶようにしています。

▶ 2018年 10月 20日

ベッドリネンも衣替え

少しずつ冬支度。ブランケットも出したし、ヒーターの準備もOK。

シングルサイズの掛け布団に、あえてオーバーサイズ（セミダブル）のカバーをかけて、サイドを長めに垂らしたスタイルがお気に入り。

ベッドカバーの代わりに、大判のブランケットをかけたら、部屋の雰囲気も一気に冬らしくなりました。

14

milleam0urさん

MILLEAMOUR

暖かみのあるインテリアを楽しんでいます。

東京在住。築7年の賃貸に一人暮らし、現在の物件は2軒目です。メインとなる部屋はすっきりシンプルに、ナチュラルとモダンの中間くらいの暖かみのあるインテリアを心掛けています。キッチンと洗面所・浴室は少しスタイリッシュに。場所によって好みのインテリアを楽しんでいます。

Instagram user name
「milleam0ur」
https://www.instagram.com/milleam0ur/

家族構成
一人暮らし

住まい
築7年の賃貸マンション、1K

PLAN

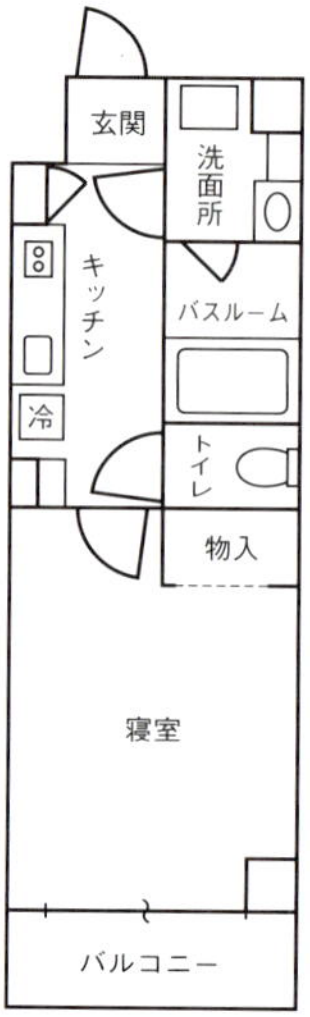

お気に入りの空間

1Kなので、やはり最も長い時間を過ごすベッドルーム兼リビングがお気に入りで、居心地のいい空間です。

部屋づくりで心掛けていること

毎日過ごす場所なので、シンプルにすっきりした印象になるようにしています。キャラクターものやぬいぐるみも好きなのですが、毎日見たいものとは限らないので、自分自身が毎日をすっきり過ごせるよう置かないようにしています。家具は、部屋が少しでも広く見えるよう背の低いものを。色は、ダークブラウン・ベージュ・ホワイトで統一するようにしています。クッションカバーをさし色にして、そのときの気分によって楽しんでいます。

2017年 09月 10日

クッションカバーをフルチェンジ

ここ数ヶ月で変わったクッションカバー。

数年ずっと同じカバーを使用していましたが、真ん中の小さいもの以外はフルチェンジ。IKEA、ニトリで安価に手に入れたものですが、だからこそなんだか気に入ってます♩

一番左は45cm×45cmのクッションに50cm×50cmのカバーをつけているので、サイズが合ってない感じが下のほうに出てますね……。クッションに関しては、大は小を兼ねられませんでした（笑）。

2017年 09月 22日

もらった花を飾りました

先日、先輩の結婚パーティに出席し、帰りにもらった花がかわいいです。

先日買ったフラワーベースは少し小さくて倒れそうになるので、花束を包んでいた紙の端を切って巻き、そのままフラワーベースに挿しました。

かわいいので長持ちしてほしいです（植物は枯らす傾向にある……）。

MINI COLUMN

愛用品とインテリア

我が家の必需品は、無印良品の「壁に付けられる家具」シリーズです。リビング・キッチン・洗面所、ほぼ全ての場所に設置しています。賃貸なので収納スペースが少ないのですが、棚などを置かなくても収納が増やせます。何より見た目がおしゃれなので、カップや缶・コーヒーアイテムを置くだけでも様になり、とても重宝しています。壁につけずに棚の上に置いて使用することも。

2018年 03月 19日

新しいタオル

タオルを新調しました。

フェイスタオルもバスタオルも、全てスコープさんのものに。フェイスタオルが口コミ通りよかったので、思いきってバスタオルも交換。通常サイズは私には大きく感じるので、少し小さめのミニバスタオルにしました。

かなりボリュームがあるので、それぞれ4枚しか入りません……。常に掛けているのが1枚あるので、トータル5枚をローテーションします。

洗面所は、掃除しやすいように、あまりモノを出さず、必要なものだけを置くように気をつけています。寝室と同じくナチュラルな色味で統一しています。

2018年 06月 05日

玄関の棚の上

お花のある生活。玄関のシューズラックの上には、いつも季節ごとのお花を飾りたいなぁ……。

難点は植物のお世話が下手なことだ……。大事にして、少しでも長く楽しみたいです。

玄関はかなりせまいのですが、天板のあるシューズラックを置いています。天板の上には、鍵やポスター以外に季節ごとの飾りや花を飾ったり、部屋のなかをシンプルにしている分、好きなように楽しんでいます。

2018年 07月 29日

IKEAでライトを購入

先日またIKEAに行ってきました。題して「IKEA夏の陣」笑。

今回はお会計が3千円強とふるわず(?)、なんだか拍子抜けですが、欲しかったデコレーションライトを無事ゲット。カーテンの横にかけてあるものです(壁にかけたら祭り感が出たのでここに……)。

あとはテレビボードとマガジンラックの上にあるティーライト。これも、点灯後6時間後に自動消灯して、また18時間後に自動点灯するという優れもの。一気に部屋が華やかになってうれしい。そして安いのに優秀。

本物のキャンドルのような

夜の部屋。写真は少し光量を明るく加工しているので、実際はもう少し暗いです。ほどよい明るさのなか、IKEAのティーライトが本物のキャンドルほどではないものの、ゆらゆら……。癒やされます。

MINI COLUMN

これからの部屋づくりプラン

すっきりと使いやすいクローゼット収納を模索中です。収納スペースが少ないため、ついクローゼットに色々詰め込みがちですが、いつかインスタグラムに写真を載せられるくらい整理されたクローゼットにするのが目標です。

15 mariさん

MARI

好きなものに囲まれた暮らし。

東京都在住の会社員、30代。今や持たない暮らしやシンプルな暮らしが主流なのかもしれないですが、たくさんの好きなものに囲まれた暮らしが好きです。せまい部屋でも賃貸でも、インテリアを思いっきり楽しみたいです。

Instagram user name
「hiyokokko90」
https://www.instagram.com/hiyokokko90/

家族構成
一人暮らし

住まい
1Kアパート

PLAN

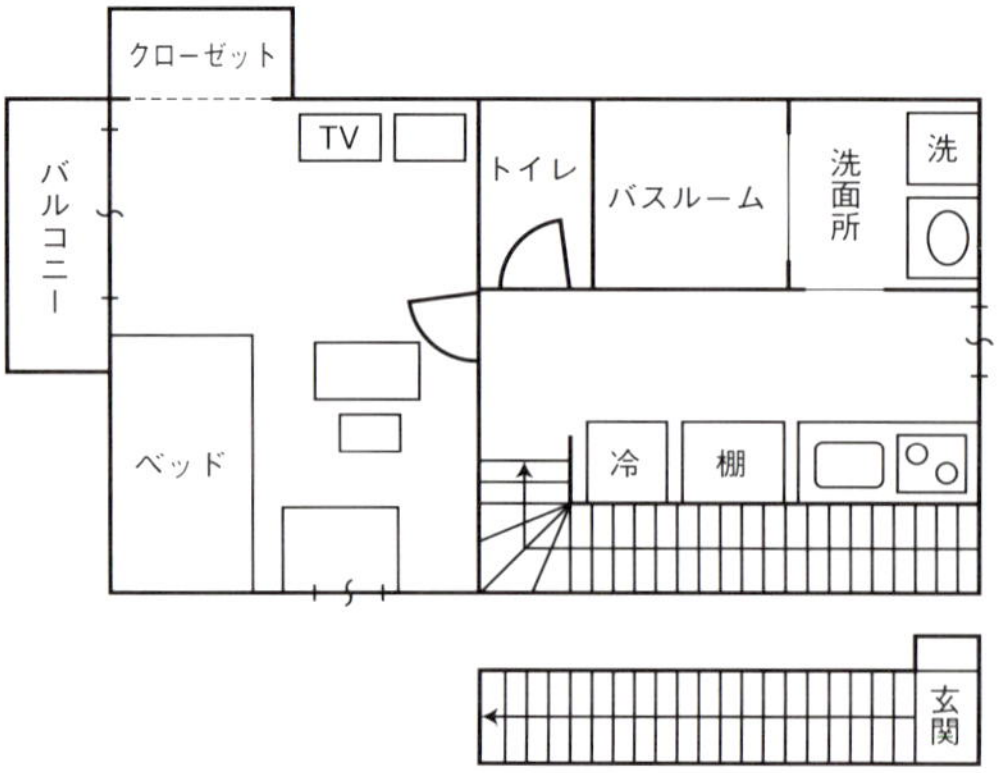

お気に入りの空間

ベッド脇の壁の棚ですかね。たくさん持ってるなかでも、特にお気に入りの雑貨を並べている場所だからです。

部屋づくりで心掛けていること

モノが多いとごちゃごちゃして見えがちなので、家具は色味や雰囲気が似た感じのものを選びました。それと掃除がしやすいように全て脚つきです。掃除機はほぼ毎日かけるので、ささっとできて便利です。

2018年 04月 28日

グリーンを飾って

ドウダンツツジの季節。写真は去年の夏頃のものだけど、早く今年も買いたいな。今日も色んな花屋さんで見かけました。買いたくてうずうず。でも行くところが色々あったから見送り。

ちなみに一番右の子（アイビー）が去年はとっても元気だったのに、最近は随分とさみしい姿に……。枯れないでほしいなぁ。

2018年 05月 01日

私の雑貨愛

たまにはあんまり写真に撮らないほうの壁も。やっぱり雑貨に埋め尽くされてます。これでもミニマリストに憧れてますが、雑貨愛が止まらないので一生なれそうにありません（笑）。

2018年 05月 23日

テレビ周りのインテリア

テレビ周りはあんまり変化はないけれど、水耕栽培していたサボテンがぶよぶよに腐って天に召されてしまいました。ごめんよぉ。

一番目につくところなので、お気に入りばかりを飾っています。大好きな北欧ヴィンテージの雑貨達。こつこつ集めてきたものばかりなので、愛着もひとしおです。

2018年 09月 09日

お花があると気分が上がります

毎週もしくは隔週で素敵なお花が届くサービスのモニターに選んでいただきました。

どんなお花が届くのかなぁ~とワクワクしてたら、大好きな黄色でまとまったかわいらしいお花が。くたっとして届いてしまうんじゃないかと心配してましたが、そんなこともなくしゃきっときれいに咲いております。

やっぱりお花が部屋にあると気分が上がりますね。

MINI COLUMN

愛用品とインテリア

ほぼ毎日使うものなのでお茶碗と汁椀にはこだわりました。料理のモチベーションを上げるためかわいいものを選んでます。

2018年 09月 24日

心地よく眠れる場所

心地よく眠れるようにほっこりした空間にしています。チェストや壁棚の木の質感を生かせるよう、雑貨も色味を抑えて統一。ドライフラワーもバランスよく飾ってるつもりです（笑）。

また、写真は夏用の寝具ですが、冬用だと布団カバーを変えるだけでお部屋の雰囲気がガラッと変わるので、いくつか使い分けて楽しんでます。

2018年 10月 14日

やっぱり美しいスツール

うちにおわしますアルテック様。美しいです。

このせまい部屋にスツールなんて絶対必要ないけど（笑）、やっぱり買ってよかったな。

絵的に色々足りなくて普段は玄関に敷いてるマットとか持ってきて写真撮ったから、色々不自然です（笑）。

16

Norikoさん

NORIKO

グリーンに囲まれた居心地のいい家。

神奈川県在住。40代、主婦。お花やグリーンが好きで、庭や家のなかの植物のお世話を楽しんでいます。季節を楽しみながら、家族が自然と集まりたくなるようなシンプルで居心地のいい家を目指しています。

Instagram user name
「norimmekko」
https://www.instagram.com/norimmekko/

家族構成
夫、自分、長男14歳、次男11歳

住まい
築6年の一戸建て

お気に入りの空間
大きな吹き抜けのあるLDKがお気に入りです。どの窓からも庭の緑が見えるので、とてもリラックスできます。

お気に入りの空間
白い壁と無垢の床のシンプルな空間に映えるようにブルーのソファーを選びました。壁に飾ったポスターやインテリア雑貨もブルー系でまとめて統一感が出るようにしました。リビングと庭につながりを感じられるように窓辺にはグリーンを並べています。

PLAN

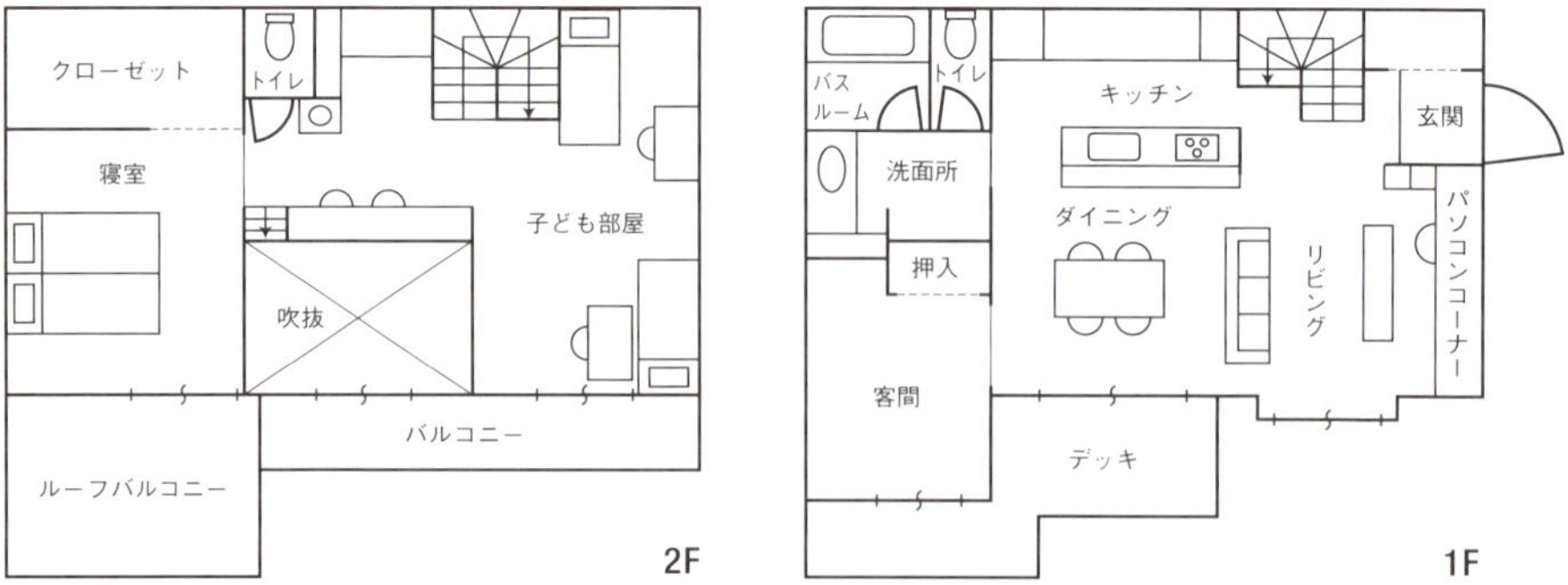

2018年 04月 20日

お気に入りのベンチ

リビングにあるテレビの裏側はスタディコーナーです。今までデスクの上にプリンターを置いていましたが、下の棚に移動させたらだいぶすっきりしました。

棚として使っているIKEAのベンチ「MOLGER」はリーズナブルなのにとても丈夫。賃貸マンションに住んでいたときはテレビ台として使っていたことも。色んな用途に使えるのでお気に入りです。

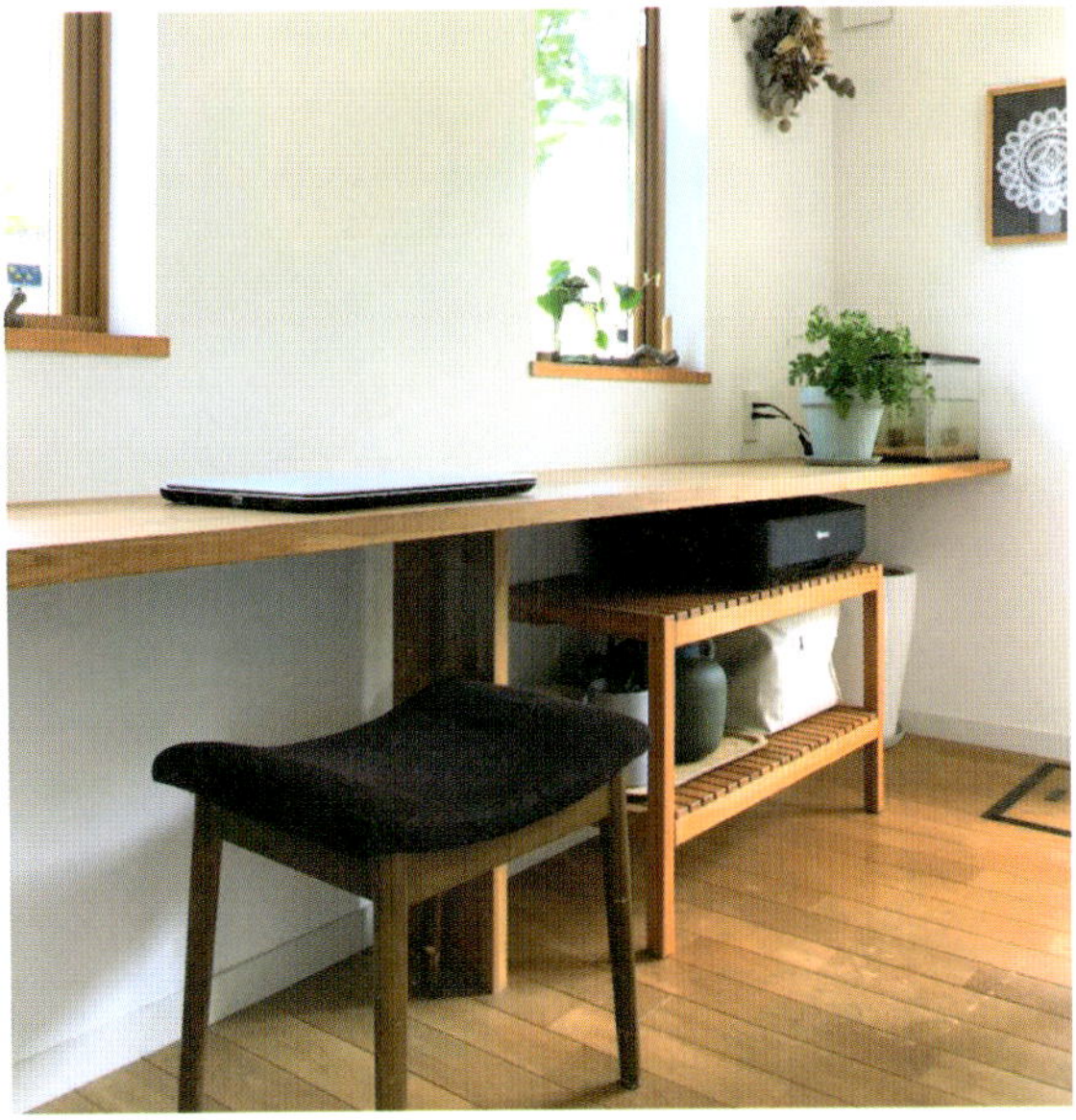

2018年 07月 30日

子ども達が使う予定だったけど……

2階のデスクコーナー。子ども達のスタディコーナーにと考えていましたが、いつもダイニングテーブルで勉強しているので、今は夫が家で仕事をするときに使うことが多いです。私もたまにここに座って本を読んだりしています。

実は、我が家のエアコンはここにある1台だけなんです。というと家に来た人に驚かれます。吹き抜けになっているので、リビングの天井にあるファンを回すと1階にも風が届いて涼しいです。

2階の子ども部屋と寝室には、部屋の入り口に扇風機を置いて涼しい風を送っています。

2018年 09月 24日

グリーンに囲まれて

お花を飾りたくて産直に行ったら、お彼岸で切り花が完売。残っていたスズバラの実をお持ち帰りしました。

テーブルには庭の花をちょこっと。

ダイニングテーブルには、時々リネンのクロスをかけて楽しんでいます。写真でかけているのは、リネン生地の隅を縫っただけのかんたんクロス。布一枚で部屋の雰囲気が変えられて気分転換になります。

2018年 10月 05日

一日をリセットする場所

朝晩はだいぶ肌寒くなりましたね。新しいブランケットをお迎えしたので寝室も冬支度。

寝室はシングルベッド2台と小さなチェストを置けるくらいの広さですが、天井が高いのでせまさは感じません。

一日の疲れをリセットする場所なので、なるべく余計なものは置かないようにしています。壁にはお気に入りのパネルを飾ってくつろげる雰囲気に。

2018年 10月 27日

穏やかな時間

秋の深まりとともに太陽の光がリビングの奥まで届くように。窓辺に並んだ植物達も元気そうです。

一人のときは、ソファーに座って大好きなインテリアの雑誌を読んだりするのが至福の時間です。

ブルーのソファーは目黒の家具屋さんで購入したもので、少しくすんだブルーの色合いが珪藻土の白い壁や無垢の床に自然となじんでくれて気に入っています。

2018年 11月 25日

お気に入りのスペース

2階の吹き抜け部分につくったカウンターテーブル。

洗濯物を干したり畳んだり、アイロンをかけたり、とても便利です。つくってよかったと思える場所です。

MINI COLUMN

愛用品とインテリア

IKEAのプラントスタンドを購入してから、お花やグリーンを飾るのが楽しくなりました。コンパクトで場所をとらないのも気に入っています。BOX & NEEDLEの壁掛けパネルは手軽に取りつけられ、インテリアのアクセントになるので色々なところに飾っています。

17
ともこさん
TOMOKO

何事もほどよく、自分に合った暮らし。

札幌市在住。会社員、20代後半。今の自分に必要なもの、今の部屋やライフスタイルに合ったもの、という基準でモノ選びをしています。シンプルになりすぎず、何事もほどよく。

Instagram user name
「t0146_2」
https://www.instagram.com/t0146_2/

家族構成
一人暮らし

住まい
1DKの賃貸マンション

PLAN

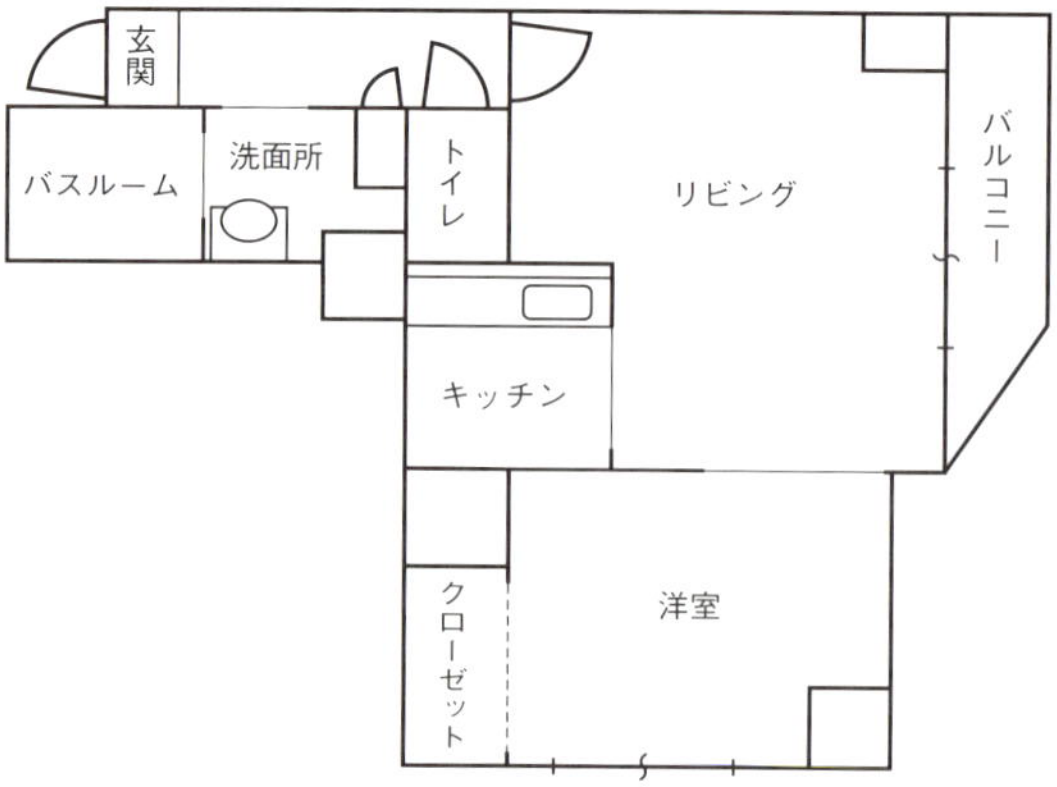

お気に入りの空間

リビングです。周囲に高い建物がないので、朝陽がよく入り、時計ではなく太陽や月など外の明かりで時間を感じることができます。明るい部屋が好きなので、白い窓枠であることもお気に入りです。

部屋づくりで心掛けていること

自然光で過ごすことが好きなので、遮光カーテンではなく、ブラインドを選びました。自然光が差し込んでいるときに、自分の好きなインテリアと合わさって「ああ、いい部屋だな、落ち着くなぁ」と思います。そういった瞬間に、ちょっと深呼吸できて、気持ちに余裕が持てる部屋にすることを心掛けています。

2017年 11月 05日

デスクに向かうのが楽しくなるように

「デスクに向かうこと」は正直昔から苦手です（笑）。でも、何か作業をするときや、長時間読書をするときは、座卓では姿勢がきつくなるので、デスクを置くことにしました。

　ちょっとでもデスクに向かうことに対してわくわくするように、学生のときに憧れていた雰囲気にしました。いかにも、な勉強用の電気スタンドではなく、フォルムがかわいいものにしたら、夜つけるとよい間接照明になり、より好きな部屋に近づけました。

　何故2カ月も早く翌年のカレンダーを貼ったかというと、しまっている間に折れてほしくなかったからです（笑）。

2017年 12月 05日

ついでに模様替え

出張道具を片付けたついでに、ちょっと模様替え。

座卓じゃなくしたら、どうなるかなと。うーん……。ソファーカバーのサイズが余りすぎて、ずっと気になってます。

2018年 04月 09日

テレビ周りを少し片付け

昨日は仕事仲間だった方のおうちに少しお邪魔して、沢山だべって、とても楽しく過ごせました。

テレビボード周りを少しすっきりさせました。やっとコードも箱にまとめたけど、周りのちょろちょろがまとまらない。

2018年 05月 12日

風や音を感じるように

窓を開けてもいいくらいの暖かさ！ ぽかぽかです。これはどこかに行きたくなる。山々もようやく色づいてきました。

ベランダに出ると、風をよく感じることができます。冬は雪が積もるので、小さな雪だるまも作れます。

床にはある程度フリースペースをつくって、日光を浴びながら昼寝ができるようにしています。

壁掛け時計は秒針の音がしないものを選んで、部屋のなかの音を減らしてます。そのため、風の音や遠くの子どもの声などが心地よく聞こえ、そこが気に入っています。

MINI COLUMN

これからの部屋づくりプラン

今までは色もモノも減らしていく方向にありましたが、これからは好きな色やお気に入りの雑貨を、バランスよく増やしてみたいです。それと、今は帰宅時に荷物や郵便物を一時的に置くような、ちょい置きができるスペースがないので、つくりたいなと思っています。そうするとストレスなく、モノが散らばってしまうことを防げるのでは！　と考えています。

2018年 08月 20日

ソファーを手放した結果

室内物干しを寝室側に移して、本棚やメイク用品などの棚を居間に移しました。

夜や朝のスキンケアなどの動線、洗濯を畳んでからしまうまでの動線を考えた結果、圧倒的にこちらがよかったです。

今まではソファーがあったのでこの発想がなかったのですが、手放したため、またひとつ、暮らしやすくなりました（でもたまに、ソファーに座りたいなぁと思います　笑）。

2018年 09月 14日

本棚を模様替え、と鳩サブレー

模様替え。本を下のほうにまとめると、なかなか手が伸びず、いっそ上に置いてみようという試み。結果、視界に本が入るようになって、手にとりやすくなりました♪

鳩サブレーが大好物で、後輩が職場へのお土産で買ってきてくれることかれこれ3つ目（笑）。缶がかわいくて、ちゃんとお持ち帰りしてます。文具やコード類、お薬などを分けてしまってます。

「鳩サブレーって、インテリアとしていいと思うんだよねぇ」って言ったら、「えっ」て顔されました。かわいいのに！（笑）

18

片野花恵さん

KATANO HANAE

暮らしに寄り添う道具と一緒に。

関東在住。パート、30代後半。雰囲気ある暮らしに憧れて、暮らしに寄り添ってくれる道具とともに、家族と過ごすおうち時間を楽しみにしています。

Instagram user name
「h.m.m.150406」
https://www.instagram.com/h.m.m.150406/

家族構成
夫、自分、長女11歳、祖母

住まい
築9年の一戸建て

お気に入りの空間
おうちのなかで一番長く過ごすリビングやダイニングがやはりお気に入りの空間です。慌ただしい日々、1日の数分数時間でいいから雰囲気のある暮らしがしたいと思うようになり、グリーンにランプ、器やリネン、キャンドルなど暮らしにそっと寄り添ってくれるものを探すようになりました。

部屋づくりで心掛けていること
家具の高低差や色のトーンです。低めの家具を中心にそろえ、ランプや観葉植物などで高さに強弱をつけてバランスをとっています。

PLAN

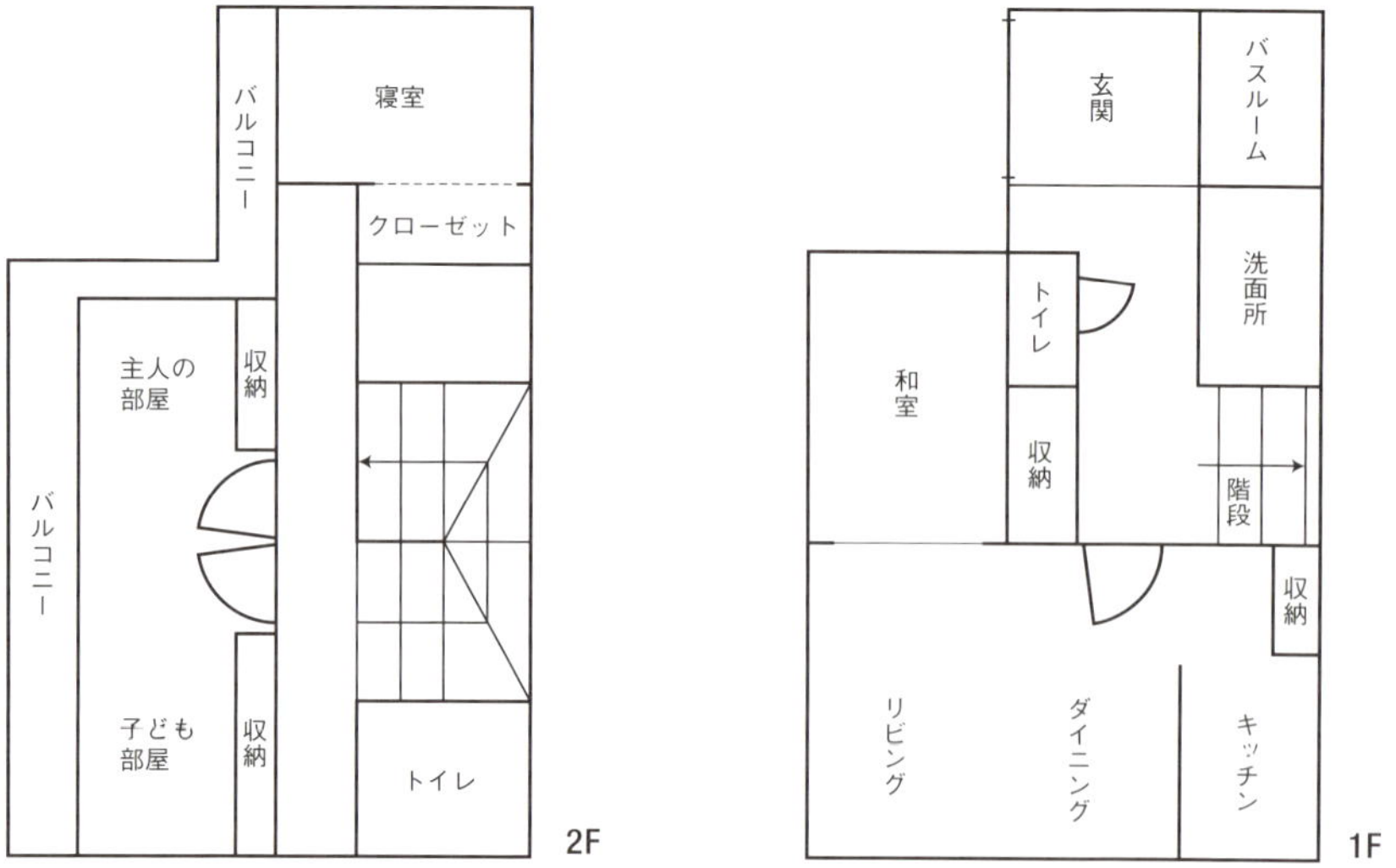

▶ 2018年 01月 18日

窓辺に植物を飾って

ユーカリさんがスーパーで250円というありがたい価格。
お隣、ビバーナムティヌスは、鳥さんに全部実を食べられる前に庭からチョキンと。晴れた日はやっぱり気持ちがいいな。
窓際に飾るものは、太陽の光を浴びていつもとは違う表情を楽しませてくれるガラス小物や、風にゆらゆらとなびくツル性の植物。そしてお気に入りの花瓶に活ける枝ものや入れた水までも、日差しによって表情を変えて楽しませてくれます。
床やラグに映し出される印影にも癒やされて、眺めてはお茶を飲む時間がホッとする時間になりますね。

▶ 2018年 04月 13日

ダイニングテーブルの上は……

久しぶりにダイニング側の風景。
色んな好きなものがごちゃ混ぜです。ダイニングテーブルの上はいつもすっきりさせていたいけど、本当はいつも書類やプリントがちらほら。
ダイニングの風景を撮るときは、ワサァ～と移動させているのが正直なところです(笑)。このままキープってむずかしいですよね!!

2018年 09月 10日

ダイニングテーブルに隠れたところ

いつもとはまったく違う風景。いつもの写真ではダイニングテーブルに隠れて、まずメインになることのない、キッチンカウンター下の収納棚。軽やかにしたくて少しずつ整理して模様替え中。

我が家がすっきり見えるとしたら、何でもかんでも、この棚に押し込んでいるからに違いありません!!

ただ面倒なのが、家族それぞれ持ち場があるので（笑）移動する許可が必要なこと!!本当はちゃっちゃと進めてしまいたい!!

いつもはお花を置けない場所ですが、初登場なのでおめかしして。

2018年 10月 03日

秋のリビング

秋の日差しがやわらかく入る午後のリビング。

最近おうちで過ごす時間が長くなって模様替えがしたかったり……。なかなかいい案が浮かばないけど、ソファーのオットマンを窓際に寄せて、お気に入りのクッションを置いてみたら、なんだか気分も違います!!

もふもふさんにもゴローンと大きく横になれるし、うん、いい感じ。しばらくは無駄に座りたくなっちゃいそうです（笑）。

▶ 2018年 10月 25日

優秀なストーブ

今日はお掃除してはひと休みの繰り返し。リビングでのひと休みは立ったままになることも多いので、ストーブがテーブル代わり。

部屋をふわっと暖めてくれたり、灯りに癒やされたり、お鍋をコトコトしてくれたり、コッペパンもおいしく焼いてくれるし、テーブル代わりにも花台にも。

冬を前に、早くも存在感ばっちり!!

何役もこなす優秀なこの子に感謝して。

▶ 2018年 11月 13日

雰囲気をつくってくれる灯り

夕暮れどきに色んな灯りを散りばめて……。

四六時中なんて、そんな贅沢はいわないけれど、やっぱり雰囲気のある暮らしに憧れます。娘っ子とお茶を飲みながらおしゃべりしたら、お互いにスイッチを入れてもうひとふんばり!!

夜にはお楽しみが待っていて、明日学校が休みだから、一緒に映画を観ながらポップコーン頬張ろっ。子どもの頃、夜更かしってなんだかとっても贅沢に感じたなぁ……。

MINI COLUMN

これからの部屋づくりプラン

植物や花が大好きなので庭づくりをしたり、外構を変えていつか庭を眺めながらお茶をのんびり飲めるようにリビングの大きな窓の前にカウンターを置いたり、おうちでワークショップを開いたりと楽しい妄想を膨らませています。

19

YURIAさん

YURIA

賃貸でも、自分好みの暮らしやすい家。

28歳、群馬在住。2人の子どもを育てる専業主婦です。賃貸暮らしでも、自分好みの暮らしやすいおうちづくりを目指してがんばってます！　シンプルで使いやすい収納、掃除のしやすい収納を心掛けてます！

Instagram user name
「yuuu_liii_h_」
https://www.instagram.com/yuuu_liii_h_/

家族構成

夫、自分、長男2歳、次男0歳、愛犬3歳

住まい

築20年くらいの築古賃貸、3DK

PLAN

子ども部屋	寝室
リビング	キッチン＆ダイニング
玄関	バスルームやトイレ

※図は部屋の構成をイメージしたものです。

お気に入りの空間

子ども部屋を今つくっているのですが、とっても気に入ってます！　海外っぽさも取り入れつつ、子どもが使いやすいおもちゃ収納も心掛けてます！　ティピーを置いているのですが、息子もワンコも気に入ってくれてます！

部屋づくりで心掛けていること

シンプルで、おしゃれで、掃除のしやすい部屋づくりを心掛けてます！　我が家はIKEAで家具を買うことが多いです！

2018年 04月 27日

インテリア迷子気味のプチ模様替え

IKEAのネストテーブルを移動させました。元々ここはゴミ箱の棚があったんですが、お嫁に行ってすっからか〜んになったので、ネストテーブルをこっちに持ってきました。棚を買おうと思ったけど、最近インテリア迷子気味、ちょっとバタバタで時間なーい。だから、これでいっかなって。でもしっくりきてる。すぐ飽きちゃうんだけどね。

ニトリのプランターポットもここに落ち着きました。

2018年 06月 05日

断捨離してミニマムに移行中

最近、北欧シンプルミニマムに移行中。海外インテリアは好きだけど、ごちゃごちゃしてるのが嫌っっ！

だから、モノをなるべく増やさないようにして、断捨離もしまくってる！ コスメもかなり断捨離しました。

今週はIKEA DAYだから、ウォールシェルフを買い足します。

2018年 09月 03日

ダイニングスペースを整理整頓

ダイニングスペース。IKEAの棚の上を整理整頓しました。壁にあったワイヤーネットを外して、すっきり。
最近体調もよくなってきたけど、インテリア熱はまだ上がらない。清潔でごちゃごちゃしないようには日々気をつけてるけど、この棚の上に旦那がポンポンモノを置くからすぐごちゃごちゃになるのが本当嫌……。
アクセサリーもこの棚に置いたり、洗面所に置いたり、ドレッサーに置いたり……。置きっぱなしにされるから、私がいつも片付け役です。ここのトレーに置けるようにスペース空けてるのに。

2018年 09月 21日

変更前のベッドルーム

寝室をチェンジする前に。飽きたから、ガラリと変えようかな～っと。
それにしても12月から里帰りするから、色々怖い。おうちがカビだらけになってそう。旦那は掃除できない人だから……おうちが一番心配すぎるよー。
ベッドルームはニトリとIKEAのものが多め！ あまり高いものは買わないようにしています！
飽き性なので、飽きたらすぐに変えれるようにプチプラなものでそろえてます☆

MINI COLUMN

愛用品とインテリア

IKEAで購入したソファーがとってもお気に入りです！ シンプルで、ソファーの下も掃除機が入るし、ソファー自体かんたんに動かせるので掃除がとてもしやすいです！ カバーも取り外し可能なので、洗えて清潔に保てるところもお気に入りです！

2018年 10月 05日

制作途中の子ども部屋

キッズ&ベビールーム。まだ理想とはかけ離れてるけど、途中経過として。
IKEAでまだ「NORDLI」買えてなくて、棚が微妙な写真です。左側にはベビーを迎えるためにプレーヤードを設置してます。
早く「NORDLI」が欲しいけど、バルミューダとソファーを買ったので、さすがに旦那に待ってと言われました。
壁紙も一部グレーにしたいけど、引っ越すかもしれないし、壁紙は我慢しようかなー。なんせ賃貸なもんで……。やりたくても引っ越しとなるとまた一からになるから大変。けど、飽き性な私には合ってるのかも。

2018年 10月 17日

シンプルなリビング

なーんも特に変わってないリビング。変わったといえば、観葉植物がどんどん死んでく。旦那にすぐ殺さないでと言われます。マメじゃなきゃ無理だよね～。
ホワイトをメインにして、あまりモノをごちゃごちゃ置かないようにしてるけど、ついついモノが増えがちなリビング。
ブルーレイレコーダーやゲーム機はテレビボードの中に入れて、生活感をなくしてます☆ 何でも出しっぱなしはよくないよねー。

20

mashleyさん

MASHLEY

家具も家族として、一生暮らせる家。

家具&インテリアオタクな嫁氏&夫氏が、家も家具も100年続く、持続可能な家をつくりました。ブログでインテリアの無料相談もしています。お気に入りのテイストは北欧×ミッドセンチュリー。

Instagram user name
「mashley.1203」
https://www.instagram.com/mashley.1203/

家族構成
夫、妻、イス19脚、北欧家具、ミニチュア（家具も家族です）

住まい
築1年の一戸建て

お気に入りの空間
リビング。北欧×ミッドセンチュリーモダンのミックスインテリア。イスもテーブルもサイドボードも全てヴィンテージで、ほとんど自分でリペアしました。

部屋づくりで心掛けていること
家具は家族。家具は「一生使えるかどうか」で選んでいます。ほとんどがヴィンテージでボロボロな状態で買ったものを、自分でリペアしました。家にいるときはずっと一緒に過ごすので、形や色はもちろん使い心地も大切。

PLAN

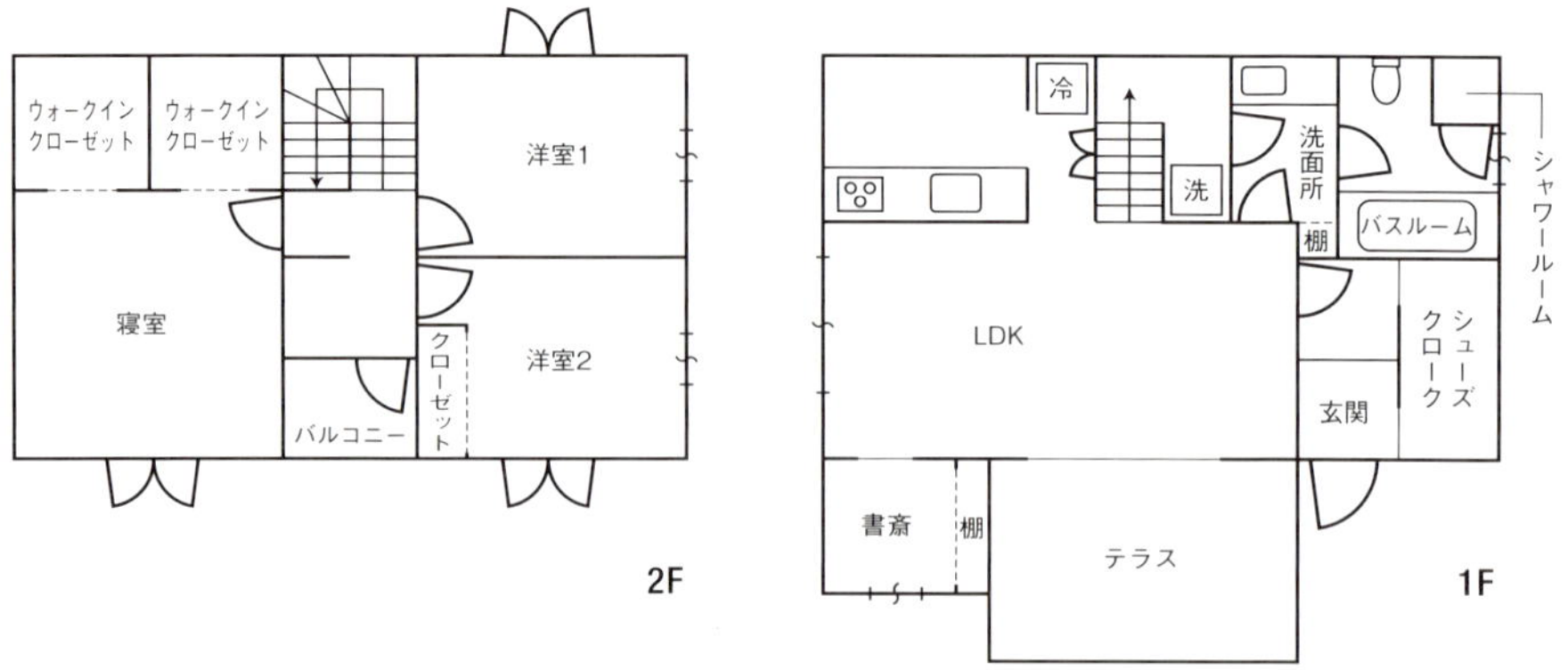

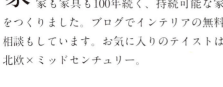

2018年 04月 14日

アートを飾って

我が家のベッドルームに美女到来。
仮住まいで使っていたＩＫＥＡのクリムトの「水蛇」。ほかにも、この部屋にはロートレックやミュシャも。
そこにゴールドのアクセントを加えてアンティーク風に。シックで落ち着いたベッドルームの完成。

2018年 07月 31日

ばらばらは個性が出る

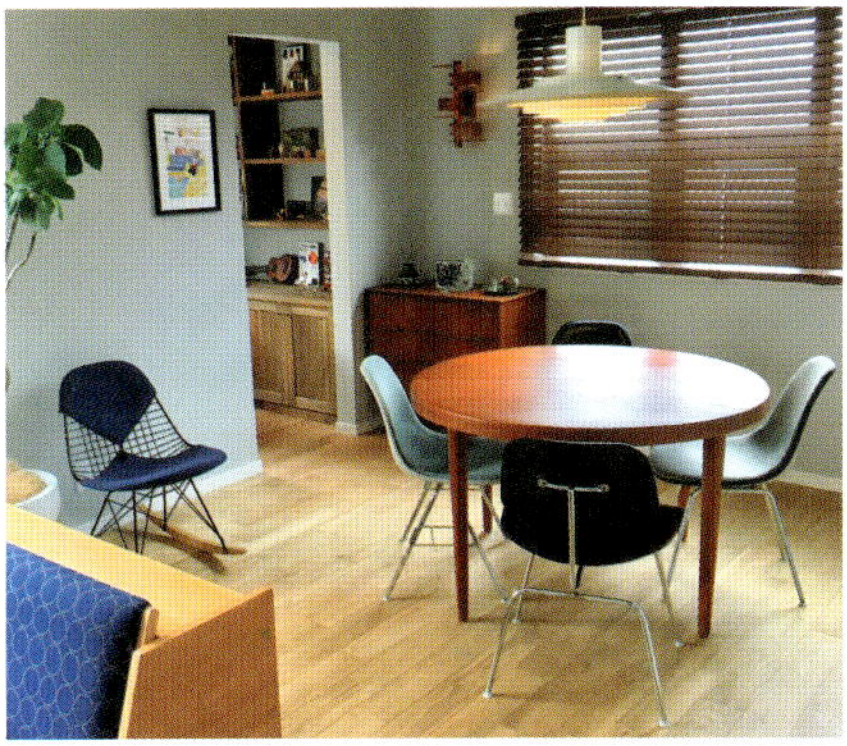

ダイニングルームはばらばらなイス。
ダイニングセットだと統一感が出ますが、ばらばらは個性が出ます。
よく「ばらばらだと組み合わせがむずかしいのでは？」と聞かれます。でも色や脚の形状、作者など何かひとつ共通性を持って並べてあげると、しっくりくる空間のでき上がり。
個性を出しながらも、インテリアをより楽しめるばらばらイスのダイニング。おすすめです♪

2018年 09月 22日

リビングは暮らしの中心になるところ

1階は音楽と本と家族の時間を大事にする空間へ。
サイドボードやテレビボードの上に置くものは、テレビとは限りません。何を暮らしの中心にするか？ そう考えたとき、我が家は「音楽」と「好きなこと＝インテリア」でした。
リビングは家の心臓。家族が集まって過ごす場所だから、「常識」とか「当たり前」にとらわれず、家族にとって過ごしやすい場所にしたい。
ヴィンテージのサイドボードの上って、やっぱりディスプレイにするのが好きだ。

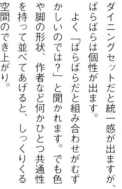

21

CHAMPIさん

CHAMPI

自分らしいインテリアを追求中。

栃木県在住の一人暮らし。最近はインテリアスタイリストの仕事も始めました。自分らしく生きることを心掛けています。インテリアも然り。

Instagram user name
「champi39」
https://www.instagram.com/champi39/

「Studio CHAMPI」
https://champi39.wixsite.com/studio-champi/

家族構成
一人暮らし

住まい
1人でローンを組んで、3LDKの一戸建てに住んでいます

お気に入りの空間
リビングダイニング。家にいるときは多くの時間をここで過ごします。クッションカバーが大好きで100枚くらい持っているので、ソファーのクッションは季節や気分によって替えています。

部屋づくりで心掛けていること
空間の余白のバランスを大切にしています。空間にリズムがあるとバランスよく配置できるのではないかと思っています。

PLAN

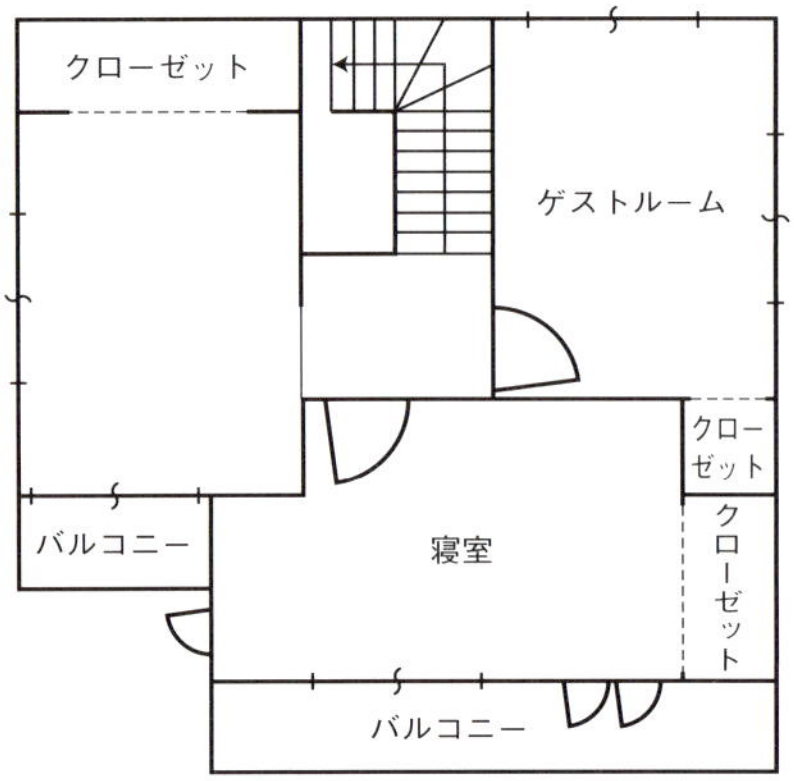

2F

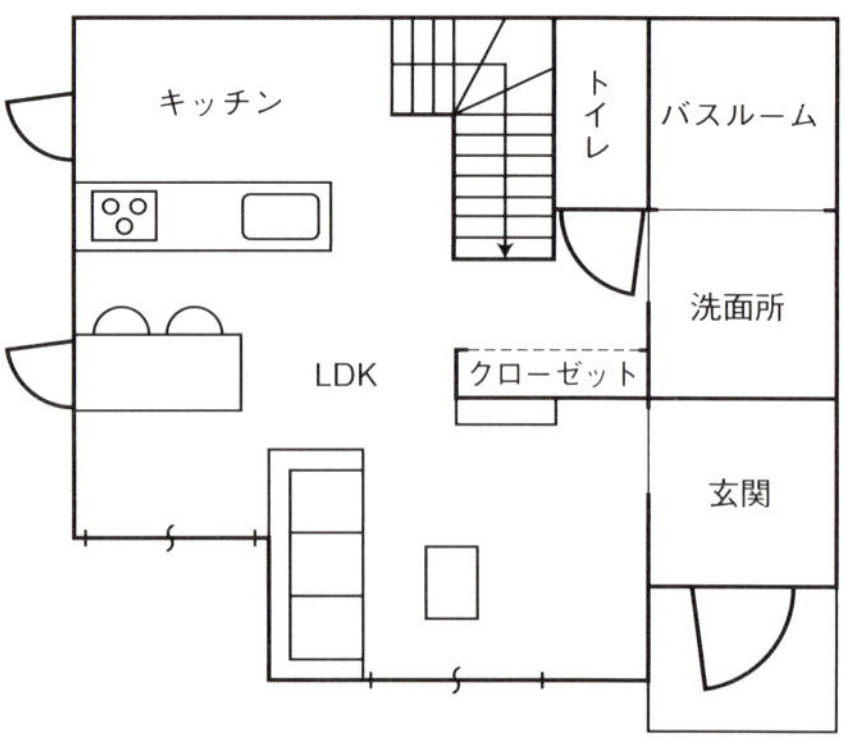

1F

▶ 2018年 09月 18日

グリーンを飾って

テキスタイルチューズデイ。

前からトライしてみたかった、緑とピンクの極彩色BOHOスタイル（笑）。デーハー。昔からピンクと緑の組み合わせが大好きです。

▶ 2018年 11月 11日

暮らしを充実させる場所

大好きなリビングダイニングは緑がたくさんあって、心地いい雰囲気が流れていて、日々の暮らしの充実感を高めてくれる場所です。

ダイニングにはコルクのテーブルにスツールを置いて、素材に共通点を持たせています。プランツ類もたくさん置いて、ほどよい抜け感のある空間にしています。

休日はのんびりダイニングでコーヒーを飲んだり、インテリア関係の雑誌を読んだりしています。

▶ 2018年 11月 26日

気持ちよく過ごせるリビング

リビングのムートンをホワイトからベージュに変えてみました。

6枚くらいムートンラグを持っているのですが、小さいほうの白がボサボサになってきて、洗おうと思って、洗わないまま今に至る……（笑）。

IKEAで購入した白いソファーはとっても座り心地がいいので、ついつい長居していまいます。日当たりもすごくよいので、本当に爽やかで気持ちよく過ごせます。

22
髙瀬淳子さん

TAKASE JUNKO

夫婦2人でセルフリフォームを楽しんでいます。

埼玉県在住のインテリアとDIYが好きな主婦です。建売りでもおしゃれに自分の好きなインテリア空間で暮らしたいと思い、2017年6月の入居以来、主人と一緒にセルフリフォームをして楽しんでいます。

Instagram user name
「aoao.h」
https://www.instagram.com/aoao.h/

家族構成
夫、自分、長女14歳、次女9歳、トイプードル♂

住まい
築1年半の一戸建て

お気に入りの空間
LDK。我が家は建売り住宅で、建物が完成した後の購入でした。自分で好きな空間にするために、入居する前からイメージをして、今の形になるまで少しずつ夫と一緒にセルフリフォームしてきました。

部屋つくりで心掛けていること
色はなるべく増やさないようにしていて、基本はモノトーン。グレーをところどころに入れ、ゴールドのフレームや小物をアクセントにしています。

PLAN

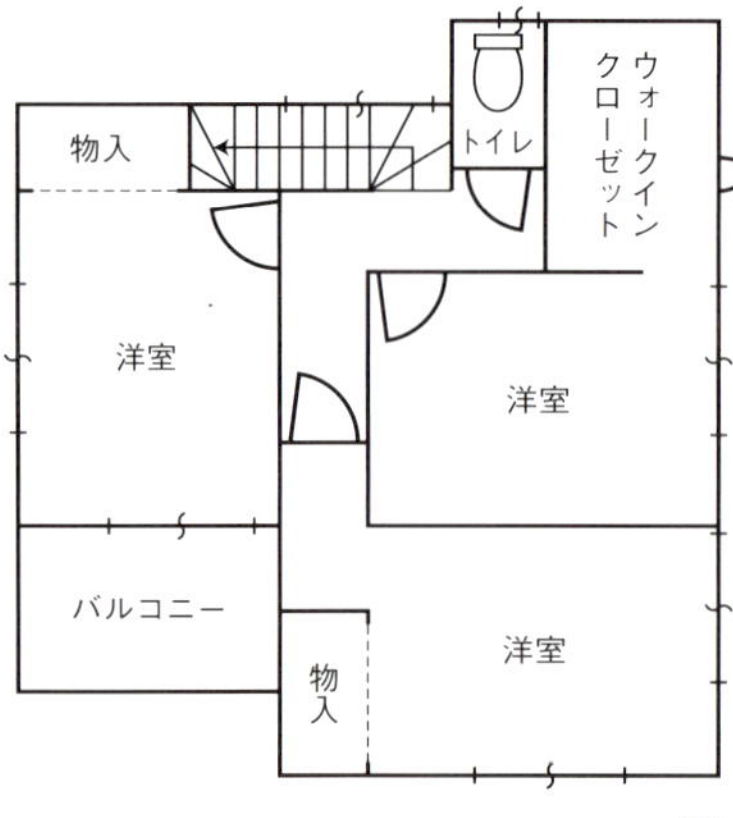

2F

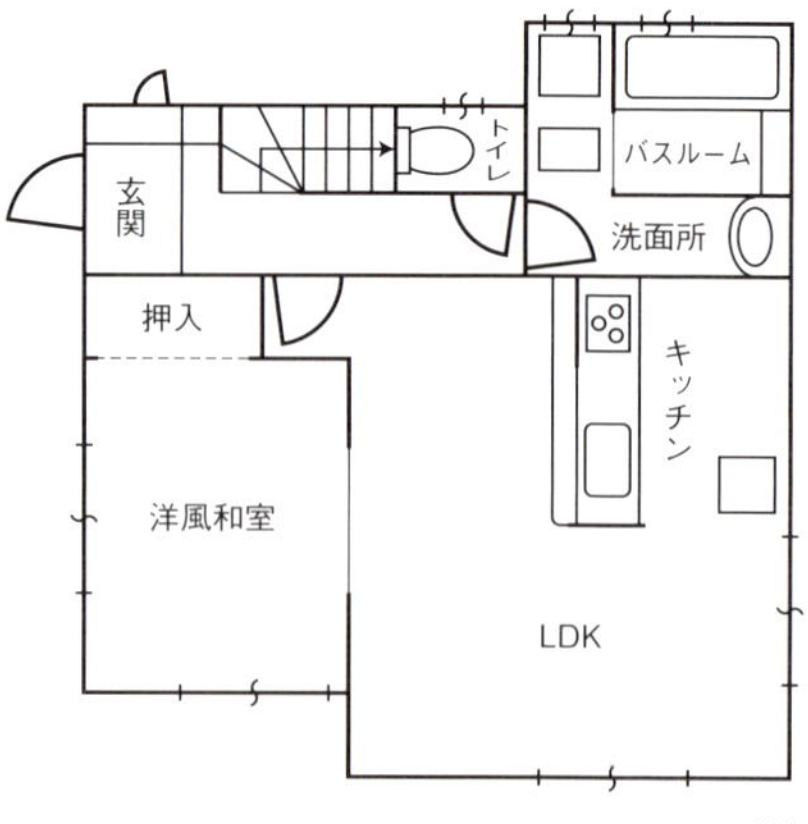

1F

2018年 03月 05日

ピンクで春っぽく

寝室を少しだけ春っぽく。

ピンクを取り入れてみたかったので、やっとできました。ピンクとグレーの組み合わせはやっぱりかわいい。

寝室は現状回復を考えずに、のり付きの壁紙をアクセントクロスで貼ってます。寝室アイテムは全部プチプラ。

2018年 09月 19日

目標に近づけたかな？

フロアシートを使って床のセルフリフォーム。

写真はキッチンの延長線上にあるダイニングです。周りをDIYしていくうちに、ずっとネックになっていて、「嫌いだなぁ」「どうにかしたいな」と思っていた床ですが、このヘリンボーンの床に変えたら、自分の中でテーマだった「海外のカフェみたいにしたい！」というのに近づけたかな？　と自己満足です。

2018年 11月 08日

クリスマスの支度

クリスマスのディスプレイを始めました。クリスマスディスプレイってキラキラで癒やされますよね〜。1年の中で一番好きなディスプレイです。

去年もIKEAのガーランドを使いましたが、今年はIKEAの吊り下げタイプの星形ライトをプラスしてみました。

去年と同じくホワイトオウルを乗せた木箱は、グルーガンでセリアの白枝を周りにつけたものをコンセント隠しに使っています。

発泡スチロールでDIYした煉瓦壁も、クリスマスディスプレイの雰囲気によく合っているかな？　と思います。

23

Jucom.deさん

JUCOM.DE

ドイツで営む、くつろぎの暮らし。

ベルリン在住の40代主婦。掃除や片付けが苦手なうえに引っ越し族なので、なるべくモノを置かない、買わない暮らしを実践中。欲しい家具やかんたんな雑貨は、デザインやサイズを指定して日曜大工が趣味の夫に作ってもらっています。

Instagram user name
「jucom.de」
https://www.instagram.com/jucom.de/

「Ottopro」
https://jucom-de.com/

家族構成

夫、自分、長男11歳、長女8歳、1歳半のラブラドゥードル

住まい

1970年代に建てられたアメリカ軍の施設をリノベーションした、3LDKのメゾネット式アパートメント

部屋づくりで心掛けていること

まだまだやんちゃな子どもと犬がいるので、彼らが走り回れるように（そしてモノを壊されないように）、家具は極力少なくし、リビングの真ん中に広いスペースを確保しています。

PLAN

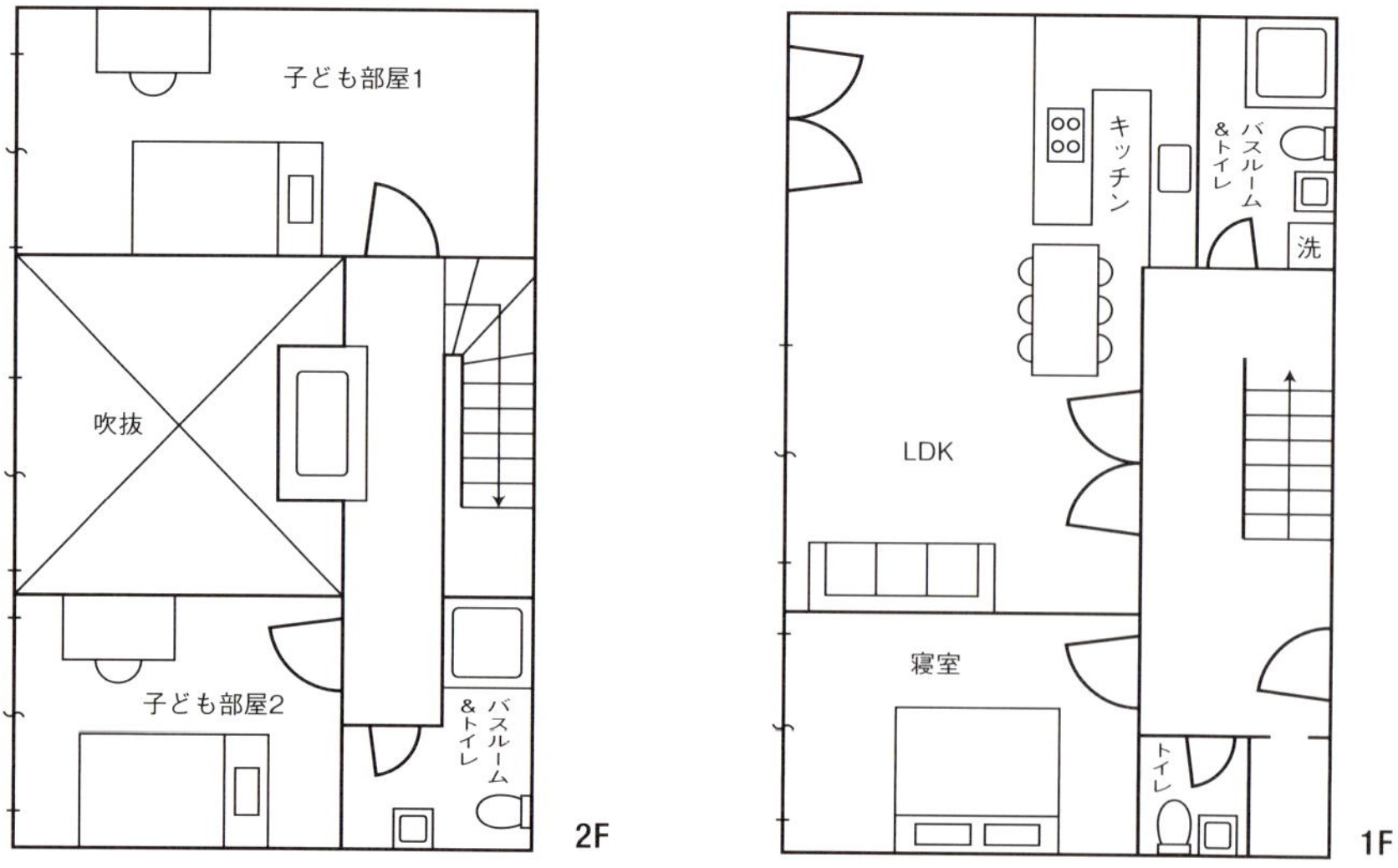

2018年 06月 27日

イスに色を入れて

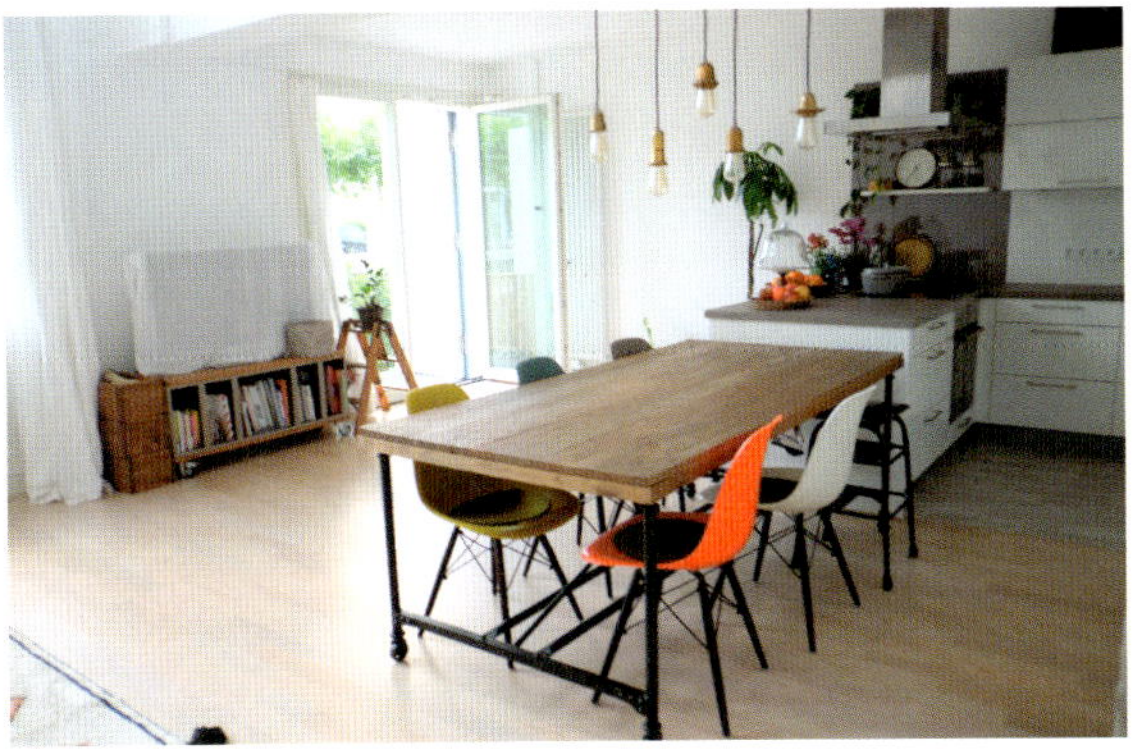

写真は1カ月ほど前に部屋をリセットしたときのものです。今は部屋が汚くて写真を撮れない……。
最低限しか置いていない家具も主張のあるデザインは飽きるので、色のトーンを抑え、クッションやダイニングチェアに色を入れて遊んでいます。

2018年 07月 24日

お気に入りのチェスト

玄関のチェスト。ドイツのインテリアショップで見かけてずっと欲しかったものが、あるとき半額セールになっていたのですぐに購入しました。古い木を使ったデザインも気に入っていますが、思ったより大容量で助かっています。
ディスプレイをたまには変えたいけど、これが気に入っているし面倒なのでクリスマス以外ず――っと同じです。
あ、定期的に郵便物やバッグやサングラスなど、色んなものが山積みになります……。片付けるのはかんたん。きれいな状態を維持するのは本当にむずかしい。

2018年 07月 30日

家族全員で くつろげるところ

写真は少し前に撮ったもの。今はこのソファーベッドをベッド仕様にしています。家族全員でゴロゴロできる広いスペースと、定期的に色を変えるリネンのシーツが肌触りよく気に入っています。
カバーを外すとガラッと雰囲気が変わります。

24

CHISATOさん

CHISATO

海外インテリアに憧れてリノベーション。

千葉県在住、週3でゆるく働く主婦、40代。家族みんなが居心地のいい部屋がテーマの我が家。海外インテリアに憧れて、4年前にリビングをセルフリノベーションしました。海で拾ってきた流木などを使ったインテリア中心に、家のなかでも自然を感じられるリラックス空間を目指してます。休日には、DIYやインテリアショップ巡りを夫婦で楽しんでいます。

Instagram user name
「chiki0818」
https://www.instagram.com/chiki0818/

家族構成
夫、自分、息子20歳、マロン（犬）14歳

住まい
3LDKのマンション（現在はセルフリノベーションで2LDK）

PLAN

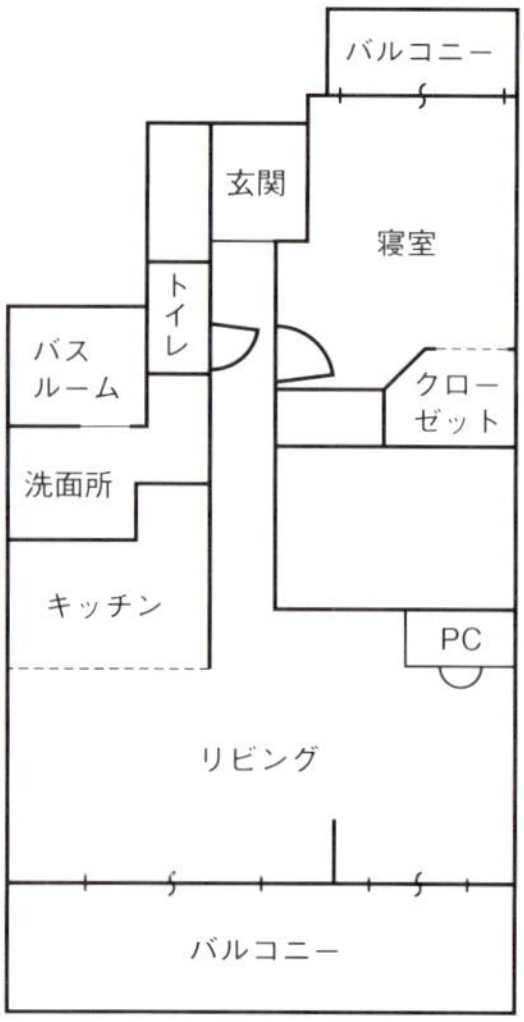

お気に入りの空間

一番のお気に入りの空間はリビング。1日のなかで最も長くいる空間で、好きなインテリアに囲まれ、ごはんを食べたり映画を見たり家族みんなが集まる大切な場所です。

部屋づくりで心掛けていること

部屋のなかで使うカラーはブラウン系を中心にホワイトやシルバー、ゴールドをアクセントにしています。家具などは背の高いものより低めのロータイプを選び、視界に入ったときにごちゃごちゃしない感じを心掛けています。

▶ 2018年 10月 03日

海外インテリアをお手本に

一日のなかで一番好きな時間は、夜、眠る時間。眠る前のちょっとした時間も好きな空間でリラックスできるようにコーディネート。

海外インテリアをお手本にDIYしたヘッドボードには、テーブルをつけたり、チェーンライトを飾ったり。我が家流にカスタマイズ。

▶ 2018年 10月 07日

くつろぎ空間

素敵な空間にしたいと思いながらも、なかなか手つかずだったバルコニー。今年の夏こそは！ ここでおいしいビールを飲みたいなと、イスや絨毯を敷いてくつろぎ空間をつくりました。

家のなかとは違う雰囲気のなか、読書したり考えごとをしたり、ちょっとしたリフレッシュ空間になってます。

▶ 2018年 11月 02日

ランプやキャンドルに囲まれて

あまり変わったところはないけれど、左のソファー横にあったガラスのランプが落ちて割れました。急いでIKEAに同じものを買いに行ったら、もう売ってないのだとか。気に入ってたので残念だけど、しばらくは仮置きのランプで。

海外インテリアでよく見るキャンドルのコーディネートが好きで、真似してついつい買ってしまうのがキャンドルやホルダー。

オンラインメディア
「みんなの暮らし日記 ONLINE」
やってます！

※本書に記載された情報は、各著者のブログ、Instagram掲載時点のものです。情報、URL等は予告なく変更される場合があります。
※間取り図は各物件のイメージ図であり、一部分だけを記載しているものもあります。
※本書の出版にあたっては正確な記述に努めましたが、著者や出版社のいずれも、本書の内容に対してなんらかの保証をするものではありません。
※本書に記載されている会社名、製品名はそれぞれ各社の商標および登録商標です。

装丁デザイン　米倉 英弘、鈴木 あづさ（細山田デザイン事務所）
DTP制作　杉江 耕平
間取り図制作　AD・CHIAKI（坂川由美香）
編集　山田 文恵

みんなの心地いい部屋づくり日記

私らしい暮らしのスタイルとインテリア。

2019年2月14日　初版第1刷発行

編　者　みんなの日記編集部
発行人　佐々木 幹夫
発行所　株式会社 翔泳社（https://www.shoeisha.co.jp）
印刷・製本　株式会社 シナノ

ISBN　978-4-7981-5802-0　Printed in Japan